PROSAS PROFANAS
Y
OTROS POEMAS

COLECCIÓN FUNDADA POR
DON ANTONIO RODRÍGUEZ-MOÑINO

DIRECTOR
DON ALONSO ZAMORA VICENTE

Colaboradores de los volúmenes publicados:

RUBÉN DARÍO

PROSAS PROFANAS
Y
OTROS POEMAS

Edición,
introducción y notas
de
IGNACIO M. ZULETA

SEGUNDA EDICIÓN

clásicos castalia

Madrid

Copyright © Editorial Castalia, S. A., 1987
Zurbano, 39 - 28010 Madrid - Tel. 419 58 57

Cubierta de Víctor Sanz

Impreso en España - Printed in Spain
Unigraf, S. A. Móstoles (Madrid)

I.S.B.N.: 84-7039-416-9
Depósito Legal: M. 37.879-1989

SUMARIO

A Graciela

INTRODUCCIÓN

BIOGRÁFICA Y CRÍTICA

I. EL POETA

Los años que van desde la partida de Darío a Chile (1889) hasta el fin del siglo constituyen la etapa de la *manifestación* de un poeta maduro. Como hipótesis susceptible de corrección (como toda que se sustente en un examen histórico-biográfico en el terreno poético), hay que aceptar provisionalmente que hay en la obra reunida en *Los raros* y *Prosas profanas*, al menos un estado mental remisible al "espíritu de Buenos Aires". El pie lo da la frase de las "Palabras liminares"; "Buenos Aires: Cosmópolis". Cuando se produce el alejamiento de Chile, Darío comienza a ser ya un poeta ciertamente conocido en el continente. Juan Valera le ha dedicado las dos célebres cartas de 1888, y en 1890 se editará en Guatemala la segunda edición de *Azul...*, que es la que cifrará su fama americana y ultramarina en el espacio de la lengua. Se ha hablado del Darío post-*Azul...*, [1] a partir del examen de las fechas de los poemas que forman el libro de 1888, escritos casi simultáneamente a los de *Abrojos* y *Rimas*. En 1889, junto a las costas de El Salvador (Ajacutla) piensa, al escribir "Sinfonía en gris mayor", en un libro titulado *Trópico*, que abandonará luego de un par de ensayos (el segundo será el poema "Del trópico", no recogido por Darío en volumen). La circunstancia vital

---

[1] Véase, por ejemplo, Forcadas, 1973.

acude nuevamente a auxiliar al crítico: con el casamiento con Rafaela Contreras ("Stella") se abre la etapa más agitada de la vida del poeta. En un par de años visitará dos veces Europa, el norte y el sur de América, hasta su radicación temporal en Buenos Aires, de 1893 a 1898. [2] A poco de llegar, ya piensa en otro libro: *Prosas profanas*, como lo anuncia el encabezamiento de "Divagación" (*LN*, diciembre de 1894), compuesto probablemente a principios de 1894. [3]

En unos años de intensísima producción poética y en prosa (como crítico y periodista) llama la atención el silencio de Darío en cuanto al libro. El mismo autor que había publicado entre 1887 y 1890 siete títulos (*Abrojos, Canto épico a las glorias de Chile, Rimas* y *Emelina* en 1887, *Azul...* y *Primeras notas* en 1888 y la segunda de *Azul...* en 1890), habrá de esperar seis años para editar otro. No es, probablemente, por falta de oportunidades, sino quizás por la conciencia de estar viviendo una etapa de recepción y de maduración personal. Son años de escritura, pero también de lecturas, reflexión, estudio e intensa vida social en un medio novedoso y metropolitano.

En Buenos Aires

El Buenos Aires que conoce a los veintitrés años lo recibe, como se sabe, triunfalmente. [4] Es el Buenos Aires de la afirmación del proyecto político de la llamada "gegeneración del 80", en un país que ha asistido a debates

---

[2] La biografía de Darío más completa es la de Torres, 1980. Es de interés, aunque menos detallada, Torres Bodet, 1966. Oliver Belmás, 1968, ilustra en especial sobre la etapa española de Darío, aunque tiene el carácter de una biografía total.

[3] El texto en prosa "Del Tigre-Hotel", publicado en *La Nación* (3 de febrero de 1894) (reimp. Mapes, 1938, pp. 171-173), indica, por el parentesco temático, que "Divagación" pudo ser escrito por las mismas fechas.

[4] Para los hechos, v. Loprete, 1955; Arrieta, 1956 y 1959; Carilla, 1967a, y Barcia, 1968 (pp. 13-76).

cruciales como el producido en torno a la ley de educación, que ha cumplido la promesa política de la conquista del desierto, que ha vivido la primera presidencia de Julio A. Roca y que ha sido conmovido por la crisis financiera del 90, generadora de una actitud mental crítica, que fructificará hacia el fin del siglo con el llamado "espiritualismo" de cuño arielista (más tarde el "novecentismo"). Una historia del modernismo argentino, que está aún por escribirse, permitirá discutir e interpretar cabalmente y dentro de un sistema de ideas poéticas la acción literaria de un grupo de jóvenes bajo el signo de un *modernismo* aprendido del maestro nicaragüense, apenas vislumbrado como movimiento (aunque sí evidente como escuela de formación e imitación) como ocurría contemporáneamente en el resto del mundo hispánico, en feliz convivencia con la generación "organizadora", unidos por el compartido ideal positivista en el canto a una modernidad evidente en el precipitado cambio de las costumbres, el flujo acelerado de los negocios, la inmigración europea y el descubrimiento de la empresa de gozar de los frutos de un territorio "bárbaro" recién ocupado. Este núcleo de ideas es compartido por quienes reciben y acompañan a Darío en sus andanzas porteñas. Las personalidades de más fuerte vocación política, como Lugones, Payró o Ingenieros, ven en la revolución social un modo de llevar a cabo la empresa colectiva de organizar el país. Un Lucio V. López podía haber visto la muerte de la "gran aldea" que fue el Buenos Aires pre-inmigratorio, obligado ver en Santos Vega una víctima del satánico progreso, así como Hernández hizo volver a Martín Fierro a conciliarse, de vuelta de la frontera y bajo otro nombre, con la "civilización". La figura de Mansilla es quizás la que con mayor personalidad había alegado un par de décadas atrás, y sin frutos, contra el sentido de este rumbo en *Una excursión a los indios ranqueles* (1870). Pero todo este haz de manifestaciones, con sus marchas y contramarchas, no hacía más que afirmar una mentalidad que empujaba a la Argentina hacia el futuro, un futuro en el que las manifestaciones poéticas no ocupaban un rango primordial. [5]

Matiz de la polémica modernista

La vida de Darío en esos años ha sido narrada y glosada con abundancia de detalles por los historiadores del período, lo cual me exime de reiterar lo conocido: la amistad, los medios de vida, la fraternidad en torno al Ideal (para unos la Dea-belleza, para otros la Idea anarquista), las tertulias de los cafés y las redacciones periodísticas. [6] Los conflictos y las polémicas en torno al modernismo —cuestión disputada ya en otros países del espacio de la lengua— no tiene en Buenos Aires el signo de la polémica generacional (como en México, Perú, España, etc.): no hay *gente nueva* que aspire a derrotar y ocupar el discurso de la *gente vieja*. [7] El impulso mental hacia el futuro se generaliza en todas las actividades. No existe núcleo alguno que añore un estado anterior de convivencia en un país que huye de su pasado. La Argentina, recuérdese, está al margen de la "cuestión religiosa" que en España y Francia comprometerá la escena ideológica al filo del 1900, y que proyectará sus consecuencias en el terreno intelectual. La cuestión social, igualmente, queda definida en los términos de la militancia de figuras como Payró, Ingenieros y Lugones, para su comprensión dentro

---

[5] Sin ánimo de simplificar, pero en tributo a la brevedad, reitero el interés de recorrer una línea de interpretación del tema nacional en la literatura que va desde Mansilla (*Una excursión a los indios ranqueles,* 1870) a F. Sicardi (*Libro extraño,* 1891-1902), pasando por Lucio V. López (*La gran aldea,* 1884) y J. Martel (*La bolsa,* 1890-1898), entre otras. Para el carácter testimonial de la narrativa de la última década del siglo, véase el balance reciente de Lewald, 1982.

[6] Véase: Garassa, 1968; Ribera, 1971, y Pelletieri y Palacios, 1977.

[7] Véase: Lozano, 1965; Litvak, 1977, y Zuleta, 1978 y 1979, para una visión panorámica de este período de la historia de la crítica.

del espectro de las ideas estéticas. El Ateneo de Buenos Aires bajo las presidencias de Guido Spano, Calixto Oyuela y Carlos Vega Belgrano, bien podía contar entre sus frecuentadores al Darío "decadentista", luego atacado torpemente por Calandrelli, y consagrado, con disidencias, por Groussac. Todas estas alternativas se producen dentro del mismo espacio mental, del mismo discurso. Nada que recuerde a los "paliques" de Clarín contra la gente nueva, ni la actitud de un Maeztu o un Azorín (para mencionar a los más virulentos proto-noventayochistas embarcados en una disputa generacional contemporánea), ni a los desvelos del Duque Job por subsistir en los medios mexicanos de la mano de sus ideas. No hay tampoco en Buenos Aires —salvo la curiosidad de un Oyuela— militancia "casticista".

Parece claro que Darío es, sin embargo —y quizás por todo lo dicho— una "rareza" en el Buenos Aires que le toca vivir. Su extranjería y su fama le permiten la extravagancia de la pobreza —en una sociedad emergente desde la perspectiva material—, del alcoholismo —en una sociedad que también tolera a los Lamberti, Soussens y Montagne—, [8] y de la poesía. La falta de una edición solvente de las obras completas de Darío no nos permite cuantificar con exactitud el volumen de la obra de estos años. Podemos advertir, por la recopilación fragmentaria de sus escritos dispersos, [9] que se trata de una época de

---

[8] Para estos personajes, y otros, de la bohemia marginal porteña, véase las obras de Durán, 1948; Pagés Larraya, 1943; Galtier, 1973. Interesantes testimonios aportan Estrada, 1916, y Urquiza, 1973 (pp. 28-50). Alberto Ghiraldo, en la Quinta Parte de su novela autobiográfica *Humano ardor*, bajo el título de "Vida literaria", narra las a(des)venturas de la bohemia literaria atribuyendo a sus protagonistas nombres-clave. *Américo Dolín* es, obviamente, Rubén Darío (Ghiraldo, 1930, pp. 131-141). Lacau y Rossetti, 1947, proporcionan una excelente, aunque incompleta, base documental para el conocimiento de la literatura francesa parnasiana en ese período. Un interesante aporte de conjunto sobre Argentina y Uruguay hace Seluja Cecín, 1965.

[9] Las colecciones que se han hecho son las de Mapes, 1938; Barcia, 1968 y 1977, e Ibáñez, 1970. Barcia anuncia un tercer tomo

gran actividad creativa en la cual el poema comparte la
inquietud crítica (además de la periodística). La consulta
del cuadro que acompaña a esta edición [10] permite ver
cómo Darío es singularmente cauto en su producción
poética: incluye en *Prosas profanas* la casi totalidad de
la producción significativa del período 1889-1896/1901,
y deja afuera sólo algunos poemas, la mayoría circunstanciales, ninguno que pueda completar el ciclo estético
que representa su libro porteño (los que pueden tener
este último carácter desde nuestra perspectiva, los incluimos en el apéndice I).

Hacia "Prosas profanas"

El impulso de reunir un libro de poemas en 1896, es
complementario del de recoger las piezas de crítica literaria bajo el título de *Los raros* (usado para encabezarlas
desde 1893). La pluma periodística era en estos años un
medio para allegar medios de supervivencia y se intere-
sará en lo que es estricta crítica al servicio de la difusión
de un muy personal Parnaso modernista. [11] De la ya
lejana estadía salvadoreña traía, como hemos dicho, "Sinfonía...", de Costa Rica "Blasón" (reescrito y completado con la dedicatoria a la marquesa de Peralta en
España). [12] En 1892, en medio de su viaje a España, al
pasar por Cuba compone los poemas dedicados a María
Cay, la cubana-japonesa. En la Península escribe y difun-
de "Pórtico" y "Elogio de la seguidilla", muestra temprana
de un entusiasmo hispanizante que desarrollará en otras

---

de escritos de Darío en la Argentina. Ibáñez, dos más que com-
pletarán el suyo de 1970. Cf. Carilla, 1967*a* (cap. VIII), y Ellis,
1974 ("Appendix").

[10] V. Apéndice II.

[11] Estos ensayos fueron escritos entre 1893 y 1896, y publicados
en *La Nación, Argentina* y *Revista Nacional*. Para las fechas originales, v. Barcia, 1968 (pp. 51-52). Cf. Seluja Cecín, 1965
(pp. 44-45).

[12] Según Brenes Mesén, 1955, la versión original de "Blasón"
fue escrita y publicada en Costa Rica.

formas hacia el final del siglo (con el intermedio paródico de la "Epístola a Ricardo Jaimes Freyre") [13] y germen, también frustrado, de un libro jamás compuesto: *Canciones de España*. Hay que agregar a esta etapa pre-Buenos Aires, "Friso" y "Palimpsesto", compuestos en Costa Rica, y "El país del sol", fruto de la fugaz estadía neoyorquina.

Los poemas del año de llegada están entre la evocación parisina y el efecto de la novedad argentina: "Era un aire suave..." y "El faisán" pueden ilustrar lo primero; "Del campo" y "Año nuevo" lo segundo. "El poeta pregunta por Stella" es un texto de la serie meta-poética que transita por el recuerdo personal de su esposa muerta, y el primero de los que hay que leer con *Los raros* junto a la mesa, principio de trabajo válido para el estudio de ambas obras, que se alumbran mutuamente. [14]

Ha elegido tempranamente un seudónimo emblemático para firmar sus colaboraciones de *La Tribuna*: el del personaje de *A rébours* de Huysmans quien, en sus palabras, personifica "en Des Esseintes el tipo finisecular del cerebral y del quintaesenciado, del manojo de nervios que vive enfermo por obra de la prosa de su tiempo". [15] No es posible encontrar una mejor definición para lo que Darío quiere ser en esos años: un *raro*, como los raros de su colección de escritos críticos.

En agosto de 1893, el poeta es recibido con las palmas del soneto de Carlos Guido y Spano, antiguo organizador y presidente informal del Ateneo, primer foro institucional de las actividades de Darío en Buenos Aires: [16]

[13] Para el texto, v. Melián Lafinur, 1958. Para la respuesta de Jaimes Freyre, v. V. Jaimes Freyre, 1962, que incluye el texto, también en un español arcaizante.

[14] El texto correspondiente es el párrafo del ensayo de Darío sobre Poe: "tú eres hermana de las liliales vírgenes cantadas en brumosa lengua inglesa por el soñador infeliz, príncipe de los poetas malditos. Tú eres como ellas la llama del infinito amor" (*Los raros*, p. 17).

[15] "Max Nordau", *Los raros*, p. 195.

[16] Sobre las actividades del Ateneo de Buenos Aires, v. Giusti, 1954, y Suárez Wilson, 1967.

¡El es! Rubén el trovador galano
de los juegos olímpicos florales.
Nació de Nicaragua en los cocales,
como éstos rico de verdor lozano.
Pone, creciendo, el rumbo al mar lejano
hasta abordar las playas orientales.
Evoca allí recuerdos inmortales;
escucha el eco del cantor tebano.
¡Oh juventud! le atrae radioso el Pindo.
La ruta emprende cuando el alba asoma.
Al rosado esplendor ¿quién no lo admira?
Del Rajá en la galera surca el Indo;
canta de Grecia, se enguirnalda en Roma,
y con *maitén* de Arauco orna su lira.

(Guido y Spano, 1911, p. 327) [17]

Pocos meses atrás, en oportunidad de asumir la presidencia efectiva del Ateneo, Calixto Oyuela, solitario representante de lo que podríamos denominar el "casticismo porteño" (García Mérou, 1891, pp. 201-210), había enunciado su pensamiento sobre la cuestión literaria: defensa de la tradición y condena del extranjero imitativo (Oyuela, 1893). Esta postura la reitera en su discurso sobre "La raza en el arte", pronunciado en el Ateneo a los dos días de la llegada de Darío, cuando se expide contra "las absurdas imitaciones, que llevan inconscientemente a la pérdida de toda sinceridad", peligro mayor para "una literatura naciente" como la argentina que "el exceso nacionalista" (Oyuela, 1894, p. 230).

A la imagen del raro contribuye la participación en polémicas de cierto eco, como la de 1893 con Clarín. En ese año se había distribuido en España *En tropel,* de Rueda, cuya obra *El ritmo* (1893/4) motiva una de las célebres piezas de crítica "higiénica y policial" del asturiano: "el tal Rubén Darío —afirma— no es más que un versificador sin jugo propio, como hay ciento, que tiene

---

[17] Darío dedicó a Guido Spano el artículo "Un ilustre (Guido Spano)", publicado el 12 de agosto de 1894 en *La Razón* (Montevideo) (reimp. Ibáñez, 1970, pp. 51-54).

el *tic* de la imitación, y además escribe, por falta de estudio o sobra de presunción, sin respeto de la gramática ni de la lógica, y nunca dice nada entre dos platos. Eso es Rubén Darío en castellano viejo".[18] Estas palabras se completan con un "destrozo" gramatical del soneto "Máximo Soto-Hall" que Rueda había reproducido en *El ritmo*. La respuesta de Darío es inmediata, una vez conocida la edición del artículo en *La Prensa* de Buenos Aires. Al día siguiente, en *La Nación*, da a conocer el conocido "Pro domo mea", que contiene frases que anuncian ya a las de "Palabras liminares" en lo que hace a su presunto liderazgo modernista:

> Yo no soy jefe de escuela ni aconsejo que me imiten... no he de ir a hacer prédicas de decadentismo ni a aplaudir extravagancias y dislocaciones literarias... A Rubén Darío le revientan más que a Clarín todos los afrancesados cursis, los imitadores desgarbados, los coloretistas, etcétera (Mapes, 1938, p. 51).

Las palabras del poeta responden a una opinión española cuyo vigor extraña en Buenos Aires: España conoce su nombre pero deberá esperar algunos años para verlo convertirse en el adalid de la nueva generación poética.[19] Esta discutida acreditación parece importar más para la Península, sin embargo. Un hombre como Juan Valera, por ejemplo, viejo defensor del poeta, aunque creador del tópico del "galicismo mental", es menos mordaz pero igualmente negativo frente a la influencia de Darío sobre Rueda. Estas palabras son una glosa crítica del "Pórtico" cuyo destinatario es el poeta español:

---

[18] Clarín, 1893, pp. 104-106. El crítico reiterará, como veremos, juicios de este tipo más adelante. Sobre estas relaciones (Rueda, Clarín, el modernismo), v. Martínez Cachero, 1958, y Fuente, 1976.

[19] Véase Fogelquist, 1968, cap. IV; Lozano, 1978, y Zuleta, 1979, para el desarrollo de la fama española y americana de Darío como cabeza de movimiento. Sobre el primer viaje a España y el comienzo de su fama ultramarina, v. Sáinz de Medrano, 1975, y Phillips, 1976.

Apártese, pues, de los propósitos a que le induce Rubén Darío en el pórtico a *En tropel*. Huya de las *bacantes modernas* que despiertan las *locas lujurias;* no busque los labios *quemantes de humanas sirenas,* arroje al suelo el yelmo de *acero,* el *broncíneo olifante* y todos los demás trastos que su amigo le regala, y tenga por cierto que entonces, aun sin llegar a ser un *homérida,* tendrá un asiento entre los inmortales de nuestro Parnaso y la república de las letras españolas, la cual quiere y debe conservar su independencia sin someterse a ningún emperador transpirenaico, por florida que tenga la barba. [20]

Darío en dos tribunas

En los escritos autobiográficos de 1912/13, Darío recordará la obra y la actividad realizada en este período, como una forma de lucha en defensa de las "ideas nuevas, de la libertad del arte, de la acracia o, si se piensa bien, de la aristocracia literaria" ("Historia de mis libros" p. 164). En dos oportunidades se afirma en esa posición abiertamente, aunque nunca con la dureza que podrían hacer suponer las palabras de la década siguiente, dictadas por la autoconciencia de la propia fama —ya por entonces reconocida por todos— de adalid de la renovación poética. [21] Una de ellas se la proporciona el Ateneo de Buenos Aires, presidido ahora por su patrocinador Carlos Vega Belgrano, donde dicta la conferencia sobre "Eugenio de Castro y la literatura portuguesa" (19-IX-1896). Quien lo presenta es nada menos que Rafael Obligado, representante de la poesía de raíz tradicionalista (*argentinista,* al decir de su contemporáneo García Mérou [1891, pp. 241-269]), quien vuelve a lanzar el ya conocido calificativo: "Este poeta no es un argentino, ni es en realidad un americano. Su musa no tiene patria en el continente; la tiene en el seno de la belleza" (Obligado,

[20] J. Valera, "La poesía lírica y épica en la España del siglo XIX", p. 1243.
[21] V. Phillips, 1959.

1896, p. 330). La pieza sobre Castro es, por parte de Darío, una respuesta a esta afirmación: su celebración del "renacimiento latino" y el recorrido por las figuras de la literatura contemporánea de Portugal, Francia, Italia, la queja por el estancamiento de España, no hacen sino afirmar aquella "internacionalidad" de la belleza. El tono discursivo de esta intervención pública no tiene, empero, el carácter de denuncia virulenta. Más bien podría hablarse de su carácter cuasi-académico.

La segunda oportunidad produce manifestaciones más agitadas de disidencia y se verifica en Córdoba, adonde Darío viaja invitado por el Ateneo provinciano, que celebra una velada literario-musical en su honor. Allí oficia de presentador Carlos Romagosa (futuro editor de la primera antología modernista: *Joyas poéticas americanas,* de 1897). En su densa y extensa pieza traza una de las primeras historias del modernismo que se conocen, de gran interés por la calidad documental, reveladora de los nombres, obras y tendencias que se entrecruzaban en un lector culto de esa ciudad. Darío responde con breves líneas en las que reafirma el culto de la belleza ("la Dea") y la confianza en el alma y la poesía que ella revela ("dulce paloma de luz"), único refugio "entre las feroces luchas de los hombres, en épocas en que tratan de ahogar el alma las manos pesadas de los utilitarios, los dedos largos que se desarrollan en los ghetos [*sic*] sociales y las pinzas, poco felices, de la falsa ciencia". Frases como éstas, seguidas de la lectura del poema a Esquiú, desencadenan agitados debates que han reseñado con detalle la crítica y la historiografía. Hay que recordar al lector que en Córdoba, por sus rasgos de ciudad culta y provinciana, las reacciones fueron virulentas, a diferencia de Buenos Aires, capital acostumbrada quizás a la diversidad de perspectivas. El poema de Darío a Esquiú merece la consideración de "irreverente", así como la actitud de los jóvenes que acuden a aplaudir al poeta. [22]

[22] El ensayo de Romagosa lleva el título de "El simbolismo" (Romagosa, 1903, pp. 35-52). Un relato de los acontecimientos en

II. EL LIBRO

Es cierta la imagen que han dejado los biógrafos sobre un Darío acompañado en las diversas etapas de su vida por protectores y lazarillos (Gavidia, Balmaceda, Vega Belgrano, Estrada, sus fugaces secretarios). Cuando cree madura la posibilidad de dar a luz un par de libros que reúnan la flor de la producción crítica y poética de la última década del siglo, no cuenta al parecer con el empeño de afrontar la edición (de más está decir que tampoco con los medios materiales). Consigue inmediatamente un patrocinador para las dos ediciones: Carlos Vega Belgrano, editor de *El Tiempo* y ya asentada firma del periodismo porteño. Hacia mediados de 1896 está confeccionado el volumen con los artículos (no todos) publicados en su mayoría en *La Nación* con el título de *Los raros* que han coleccionado y ordenado, bajo su supervisión (método que se hará habitual para sus obras posteriores), Angel de Estrada (Rohde, 1973) y Miguel de Escalada, [23] destinatarios, además, de la dedicatoria del libro. Lo imprime Francisco Grandmontage, el escritor español afincado en Buenos Aires, en sus talleres de La Vasconia.

Estrada y Escalada, junto a Leopoldo Díaz [24] se ocupan también de la compilación de *Prosas profanas y otros poemas*, según la misma modalidad de la obra anterior. Esta completa la experiencia de los años precedentes en sus dos articulaciones: la programática (*Los raros*) y la expresiva de un modo de poetizar que viene a ser el fundamento de aquel ideario sugerido a través del dis-

---

Romagosa, 1903, pp. 53-55 (carta a Evaristo Carriego de Romagosa, explicando algunas actitudes a su corresponsal, del 2 de noviembre de 1896). El discurso de Darío: R. D., "Discurso del Ateneo de Córdoba", *La Nación,* 20 de octubre de 1896 (Ibáñez, 1970, pp. 107-113); una visión del poeta: R. D., "El decadentismo en Córdoba", *El Tiempo,* 19 de octubre de 1896 (Mapes, 1938, pp. 117-120). Historia de los hechos, en Capdevila, 1946, y Carilla, 1967a, (cap. IX). Una visión de la Córdoba de fin de siglo, en Bischoff, 1981.

[23] Según Arrieta, 1967.

[24] Según Arrieta, 1967. Sobre L. Díaz, véase Arrieta, 1966.

curso crítico. La edición la realizan los talleres de Pablo
Coni e Hijos, uno de los sellos más acreditados de Buenos
Aires, en edición de quinientos ejemplares [25] que se dis-
tribuyen especialmente en América [26] a partir del mes de
enero de 1897, [27] aunque el pie de imprenta hace figurar
el año anterior.

El título y el prólogo

Es natural que un título como *Prosas profanas* llamase
la atención en la crítica y en los lectores de ese momento.
La "aparente antífrasis" (Rodó) venía respaldada, vía
Mallarmé ("Prose pour Des Esseintes") por la tradición
evocada en la peculiar erudición de Remy de Gourmont
(*Le latin mystique*) de familiarizar con el ámbito profano
la terminología religiosa, sentido bien claro en las "Palabras liminares": "Yo he dicho, en la *misa* rosa de mi juventud, mis *antífonas,* mis *secuencias,* mis profanas *prosas*" [subr. nuestro]. Con el mismo sentido, en "Las
ánforas de Epicuro" retribuye a Berceo el préstamo de la
expresión *"prosa en roman paladino"*. [28] Darío no dejó
de destacar la *rareza* del título, elogiado como un hallazgo, naturalmente, por Gourmont, y de la cual se extrañó
un crítico como Pedro Emilio Coll. [29]

[25] Véase: M. D. E., 1956.

[26] Ver la carta a Antonio Medrano enviada por Darío en junio
de 1898, en la cual anuncia el envío de diez ejemplares del libro
a León para repartir entre "los jóvenes inteligentes de Nicaragua"
(Jirón Terán, 1981, pp. 50-51). Cf. Torres, 1980 (cap. XVI).

[27] Véase Arrieta, 1956, 1957 y 1967, y Barcia, 1968. Los ejemplares de la primera edición son una rareza entre los bibliófilos,
aunque no son tan pocos como los seis mencionados por Mejía
Sánchez, 1977, p. lxi (hemos utilizado para esta edición un ejemplar que perteneció a R. A. Arrieta, depositado en la Academia
Argentina de Letras, que no consigna el ilustre dariista, y sabe-
mos de algunos otros en poder de particulares e instituciones).

[28] Véase López Estrada, 1971, pp. 54-66, y Feustle, 1978, pp. 15-
17, con abundantes referencias al campo religioso.

[29] Coll, 1898. Es indicativo que la reseña de *Prosas profanas* en
el *Mercure de France,* firmada por Pedro Emilio Coll, esté incluida
junto al comentario de otros diez libros (*Los raros, Las montañas*

"Palabras liminares" tiene como prólogo un doble interés: por un lado, es caja de resonancia de esa voluntad de rareza de Darío en un Buenos Aires como el de 1896. Las respuestas a los críticos del modernismo, a quienes califica de rastacueros literarios, menos que una acusación individual, alude a la indiferencia del ambiente por sus más caras preocupaciones. [30] Un examen de las preocupaciones de esa hora permite afirmar que a la cultura porteña del momento le tiene sin mayor cuidado ni toma demasiado en serio una actitud que se exprese en términos como los profesados por Darío en Córdoba: "Para ser creyente o artista, hay que ser creyente puro (...) Creyente puro, fe absoluta y artista puro, arte absoluto: esta fe que es de religión y este amor, que es del arte, son ciegos" (Ibáñez, 1970, p. 111). Buenos Aires, puede decirse, no es campo de batalla central en la guerra modernista. No hay, por lo pronto, constancias documentales que sustenten lo contrario. Para quien ha recorrido las alternativas de esta guerra modernista en el resto de Hispanoamérica o España es notable la ausencia de testimonios personales o documentales de interés central

---

del oro, *Belkiss* en la versión de Berisso, *La vida nueva* de Rodó, *Almas y cerebros* de Gómez Carrillo, entre otros). Si bien se destaca la importancia de la colección y se citan frases de las "Palabras liminares", no parece impresionar al crítico venezolano como algo significativo para el momento, al menos en la medida en que lo hacen otros críticos contemporáneos. En su ensayo sobre Mallarmé dice Darío: "En la *Prosa para Des Esseintes,* la clientela periodística, escandalizada de no encontrar prosa (asombro mío de mirar, a propósito de *Prosas profanas,* ¡igual error en un redactor del *Mercure de France*: Pedro Emilio Coll, habiéndome felicitado Remy de Gourmont cabalmente por el hallazgo de dicho título)...." Puede leerse este artículo como "Epílogo" a la *Antología* de S. Mallarmé, pról. J. Lezama Lima (Madrid: Visor, 1978), pp. 141-145.

[30] Estas son palabras de Ugarte, contemporáneo de Darío: "...nuestra América seguía siendo el campamento árido y ceñudo, levantado por hombres que sólo tenían el afán de gobernar o hacer fortuna, el anhelo de triunfar en el momento en que vivían, desdeñando toda fuerza de elevación para el futuro y arrasando cuanto puede preparar, de una generación para otra, mayor jerarquía o grandeza en la vida espiritual" (Ugarte, 1951, p. 18).

para un planteo que en lugares como México, Colombia,
Perú, España, p.e., importa mucho y compromete órdenes
principales de la vida intelectual y social. Es inconcebible,
por de pronto, que se pudiese tomar a broma la militancia
en una u otra tendencia en aquellos lugares.[31] Frente al
contraste, Calandrelli no deja de ser una curiosidad, así
como las preocupaciones de Groussac reflejan un estado
mental que no es el común a sus contemporáneos rio-
platenses (sin que esto signifique negarle el carácter de
escritor argentino). La premura en la partida de Darío
de Buenos Aires en 1898 hay que explicarla, no tanto
por necesidades materiales (siempre acuciantes para el
poeta, en todo tiempo y país) ni por el llamado de París.
Sobre lo primero hay que hacer notar que parece más
importante el impulso por partir que el destino (España,
como se sabe, y luego Francia). Después de todo, Darío,
como todo inmigrante, hubiera podido lograr, a poco de
esperar, una posición rentable en el país más próspero de
habla hispana de la época y que, además, lo estimaba.
Sobre lo segundo, recuérdese que Darío, a diferencia de
otros escritores hispanoamericanos y españoles de la época, no "lucha" para triunfar en París, y que a poco de
vivir allí reconocerá la "falacia" parisina. Frente a la
ciudad-luz él no cederá como lo harían decenas de Gómez
Carrillos...[32]

[31] Aun los cofrades de la bohemia porteña pueden quedar im-
plicados en esta indiferencia. Basta examinar anécdotas como la
de "La Syringa", cenáculo festivo-iniciático, para comprender el
rumbo de un impulso generacional (v. Kamia, 1967). Esta indiferencia es la que, años atrás, motivase las amargas quejas de un
García Mérou, crítico poco sospechoso de vanguardismo (v. esp.
las páginas iniciales de los *Recuerdos literarios,* García Mérou,
1891, pp. 15 y ss.). No es de extrañar esta confluencia de pare-
ceres, si los jóvenes de la época debían, todavía en 1897, leer
que un patriarca de la "organización", como Bartolomé Mitre, des-
aconsejaba la creación de una cátedra de literatura hispanoamericana en los colegios de segunda enseñanza, argumentando que tal
cosa no existía como campo de estudios (B. Mitre, "Letras americanas", *La Biblioteca,* IV (1897, 61-77).
[32] Son claras las palabras de Darío en el prólogo a la obra de
Alejandro Sux [1910]: "A pesar del tiempo transcurrido y ahora

El prólogo de 1896, por otro lado, interesa como desarrollo de uno de los tópicos de la poética modernista: la originalidad a partir de unas experiencias de lectura. "Mi poesía es mía en mí" parece ser la frase que más claramente resume ese artículo de fe, ya manifestado en 1894 en su respuesta a Clarín. Un año antes, en 1893, había resumido ideas ahora desarrolladas en este prólogo de 1896, en un poema que nunca fue recogido en volumen y al que los editores han titulado "Dedicatoria":

> ....
> Arte es religión. Creamos
> en el arte, en él pensemos;
> a sus altares llevemos
> nuestras coronas y ramos.
>
> Hagamos de la expresión
> que siempre armonía sea,
> y hagamos de cada idea
> una cristalización.
>
> ....
> Y dejemos las enfáticas
> reglas y leyes teóricas,
> a los que escriben retóricas
> y se absorben las gramáticas.
>
> Pensar firme; hablar sonoro;
> ser artista, lo primero;
> que el pensamiento de acero
> tenga ropaje de oro.
>
> ("Dedicatoria. A Desiderio Fajardo
> Ortiz, en un ejemplar de *Azul...*",
> Managua, 1893, *PC*, p. 961.)

---

que vivo en el *cerebro del mundo*, lo repito: Europa nos deslumbra con su farmacopea y sus flores de invernáculo, como nos alucina la bailadora que luce alhajas de castán dorado, y perlas de porcelanas y brillantes de vidrio, en el escenario de un music-hall que en los entretelones huele a ratas y se siente el roce, en la epidermis, de las telarañas" (Sux, 1910, p. 11). Ver, sobre el desengaño parisino de Darío, Molloy, 1972, pp. 49 y ss.

El orden del libro

Darío usó, como se ha dicho, el título "Prosas profanas" para encabezar la publicación periodística de poemas desde 1894, al menos ("Divagación", "Sonatina"). La sección primera del libro es la que lleva ese título, y contiene dieciocho de los treinta y tres poemas de la primera edición de 1896, es decir, más de la mitad del total de la colección. El carácter de esos poemas va desde los "cardinales" (según la catalogación que hacemos en este estudio preliminar) a algunos meramente circunstanciales (como "Del campo"). Es importante señalar a esta sección como la que desarrolla todas las posibilidades temáticas y poéticas del Darío de la década precedente, sin dejar afuera a ninguna de ellas. Hay en esta sección, además, poemas desde 1891 ("Blasón", en su versión primigenia) hasta de 1896 ("Bouquet"). [33]

"Coloquio de los centauros" y "El reino interior", ambos poemas datables —por falta de información acerca de publicaciones anteriores en periódicos o revistas— en 1896, forman, respectivas secciones del libro, destacadas tipográficamente y con su portadilla.

"Verlaine" y "Recreaciones arqueológicas" forman otras dos secciones con unidad temática y formadas, cada una, de dos poemas. El resto de los poemas —nueve— de la primera edición quedan acogidos por la sección "Varia", como si no hubiera pauta a la cual reducir su significación —en el orden temático— dentro del libro. ¿Tiene sentido este orden del libro? No parece, para examinar la cuestión por la vía negativa, que ésta sea algo trivial, que no revista importancia para poeta alguno. De "Varia"

---

[33] El poema "Rosas profanas", cuya autoría dariana asegurase Monner Sans [1948], lleva una errata en el título, que es, obviamente, "Prosas profanas". No fue recogido en libro por el autor y lo incluimos en nuestro Apéndice I por su pertenencia al ciclo de los poemas que llamamos, más abajo, "emblemáticos".

se puede afirmar que, en primer lugar, no contiene ninguno de los poemas "cardinales", sí algunos de los "emblemáticos" y de los "varios", según nuestra identificación.

Tiene sentido, también, que en la primera edición haya veinticuatro poemas —sobre treinta y tres— con una caracterización temática o poética susceptible de motivar una sección. El resto — nueve— queda arrinconado bajo el título más vago e indiferente donde cada poema debe, ante el lector, defender solo su identidad. En orden al título, sólo la primera sección es trasladada allí: "Prosas profanas". Lo demás son "Otros poemas".

En Buenos Aires, hacia 1898, ya Darío piensa en la composición de un tercer libro frustrado: "Las ánforas de Epicuro". Así presenta como pertenecientes a ese presunto volumen, en *El Mercurio de América,* de Eugenio Díaz Romero, dos poemas: "Los piratas" (recopilado en 1907 en *El canto errante*) y "La copa de agua" (no recogido en libro). Estos dos textos, a la luz de lo que fue la sección "Las ánforas de Epicuro" en la edición de París (1901) complementan en el tema y la intención a los trece que conocemos. Fracasado el impulso de formar el libro autónomo que contuviese, según las palabras de Darío, "una como exposición de ideas filosóficas" ("Historia de mis libros", p. 170), bien se puede interpretar este agregado (adelantado en 1899 en la madrileña *Revista Nueva*) como el cumplimiento de la aspiración a desarrollar una colección meta-poética. No hay que descartar la posibilidad de un interés proselitista por parte de Darío en viaje a España y Francia, en su papel, del que es ya consciente, de cabeza del modernismo hispánico (Zuleta, 1977*b*).

"Dezires, layes y canciones" enmarcan siete composiciones que podrían ser caracterizadas de "experimentales" de un modo de poetizar primitivista (López Estrada, 1971 y 1975). "Cosas del Cid" es una sección unipoemática que destacamos, al igual que otras, tipográficamente, aunque en la edición de París no conste como tal.

III. LOS POEMAS

Sin una unidad temática o retórica, *Prosas profanas y otros poemas* es el libro axial de Darío: el punto de llegada del Darío que tiene su manifestación en *Azul...* (a los veintidós años) y el lanzamiento de una poética de madurez de quien se ve como "peregrino pálido de un país distante" ("El faisán") que "hace treinta años sueña" ("El reino interior"). En perspectiva, hay que tomar conciencia de que entre el último libro y éste hay sólo seis o siete años, lo cual no es mucho, en especial si se tiene en cuenta que *Prosas profanas* recoge todo lo importante escrito en ese período. La segunda edición de la obra (1901) abarcará los años 1897-1901, años del final de la etapa de Buenos Aires y del segundo y definitivo viaje a España y Francia, marcado por inquietudes que sólo en parte quedan reflejadas en los textos agregados en ese año. *Cantos de vida y esperanza* (1905) completará la recopilación de los textos de ese tiempo bajo el influjo —principalmente— de su actitud hispanizante (p.e. "Al rey Oscar", "Cyrano en España", "Retratos", "A Juan Ramón Jiménez", "A Amado Nervo", etc., poemas escritos entre 1899-1900).

Tampoco se trata *Prosas profanas* de un volumen miscelánico, de reunión de obra dispersa hecha con finalidades de aprovechamiento de una oportunidad (editorial). La colección tiene, si se admite la metáfora, un carácter "prismático": es el punto adonde confluyen las inquietudes del poeta sobre la treintena, que proceden de rangos poéticos tan dispares como la imitación campoamorina de *Abrojos* o del refinamiento de *Azul...*, para indicar una marcha de definitiva madurez en la obra posterior. La falta de herramientas teóricas que nos permitan interpretar a fondo la retórica de la colección poemática impide examinar con certeza el grado de autoconciencia de Darío en orden al *uso* que pudo pensar tendría cierto orden de la obra, [34] pero sin hacer valoraciones en exceso entusiásticas, podemos reiterar —junto a buena parte de los críticos— el valor de núcleo fundamental que tiene ésta en la poética del autor y del modernismo hispánico. [35]

La crítica dariana es quizás la más abundante de las letras hispanoamericanas. Su obra ha sido estudiada muchas veces con fecundidad y otras con menor justicia respecto de lo que los textos prometían. Quizás el reproche que pueda hacérsele a ésta última sea el haber reducido la obra de Darío a las categorías generacionales (vía modernismo) o bien el haberla puesto bajo una malhadada óptica de comprensión comprometida con fuerzas actuantes en el momento de su manifestación y que a veces parecen no haber periclitado (p.e. poesía ancilar vs. evasionismo, americanismo vs. europeísmo, etc.). La respuesta a este hábito crítico no consiste en hacer una anacrónica "defensa" de Darío o del modernismo. Se trata más bien de superar antinomias perimidas, ingenuas desde el punto de vista hermenéutico y distantes de todo rigor. Hay que cerrar necesariamente un amplio ciclo interpretativo haciendo uso de los instrumentos que ha proporcionado la bibliografía dariana de los últimos quince años, que es la que prepara el camino de una sólida sistematización de su poética. [36]

La hora dariana de madurez puede ser interpretada —como lo han hecho Octavio Paz [1965] en el ensayo y Donald L. Shaw [1967 y 1981] en la crítica— como la de la manifestación en Hispanoamérica de una menta-

[34] Interesante y prometedora aproximación al tema de la autoconciencia del primer Darío hace Molloy, 1979.
[35] La caracterización más acertada de esta obra en el conjunto de la del autor es la Anderson Imbert, 1967.
[36] A partir del centenario del nacimiento de Darío, se han producido aquellas obras más fecundas para la comprensión de su obra, como son las de Anderson Imbert, Ycaza Tigerino y Zepeda Henríquez, Giordano, así como los ensayos precursores de Gullón. Se inaugura allí una línea de interpretación que deja atrás aquellas comentadas antinomias clausurando un período crítico sometido muchas veces a factores extraliterarios. Para un panorama, v. Davison, 1966, y para un balance, Woodbridge, 1975, pp. 201-202.

lidad que para el espacio europeo se había verificado con
el romanticismo: es decir, la expresión por la poesía (por
la vía tácita o explícita) de una cosmovisión fracturada.
Un mundo ya no es más explicable por las luces de la
razón triunfante en la ciencia, ahora y aquí, en manos del
positivismo y el cientificismo. El modernismo (o los mo-
dernismos) —en este sentido sí nuestro romanticismo
(Paz)— es una irrupción mediante el poema contra los
muros de la estrecha concepción de la realidad acuñada
por el pensamiento de la segunda mitad del siglo XIX en
América. [37] No hay camino más fecundo para el crítico
que poner bajo esta luz a la poesía de Darío y del modernismo; de otra manera, "Sonatina" seguirá pareciendo
una frívola evocación de mundos ilusorios, digna de una
voz para el recitado, pero indigna de la atención crítica,
"Blasón" un capricho sobre cisnes, "Era un aire suave...",
un retablo de la frivolidad dieciochesca. La poesía de
Darío, en suma, nuevamente la de cisnes, princesas y
pajes.

Los poemas cardinales

Los *poemas cardinales* de la colección son aquéllos
que despliegan la poética de Darío entre 1889-1901. [38]

---

[37] Para una interpretación del modernismo en el marco del simbolismo internacional, v. Grass y Risley, 1979 (pp. 9-30). Son
emblemáticas estas palabras de Robert Musil sobre el período,
desde el espacio de Viena y como seguro de contemporaneidad
de las manifestaciones estéticas: "La exigencia del ideal hacía
acto de presencia, como un cuerpo de policía, en todas las manifestaciones de la vida. Pero en virtud de una ley secreta, que no
consiente al hombre imitación alguna sin unirla a la exageración,
estaba todo tan poseído de un conformismo artístico que los
arquetipos admirados quedaban muy lejos de realizarse" (R. Musil, *El hombre sin atributos*, I, 15).
[38] Para una presentación crítica de los poemas de *Prosas profanas* distinguimos, según se explica, tres categorías: *cardinales,
emblemáticos* y *varios*. A los textos de las dos primeras categorías
se agrega un número variable de poemas *de resonancia*: se trata

Esta consideración atiende a la entidad de cada texto y también a su compromiso con el resto de la obra dariana. En primer lugar, con la *obra en verso* escrita en esos años y recogida en libros posteriores o dispersa (y que suele formar las secciones respectivas en las ediciones de obras completas). El otro centro de referencia es la *obra en prosa,* tan intensa en variados géneros (crítica, crónica periodística y prosa de ficción) que el crítico no puede ignorarla so riesgo de errar gravemente en la interpretación. Un ejercicio pocas veces frecuentado es el de hacer esa correlación según cortes sincrónicos. La revelación es inmediata, en la medida en que intenciones o paradigmas expresivos resueltos en el verso se trasuntan y se manifiestan en clave traspuesta en la obra del narrador, del periodista o del crítico.

Atendiendo a un criterio cronológico el poema "Divagación" es el primero de los llamados poemas "cardinales" de *Prosas profanas.* La voz tiene un interlocutor tácito (la "desconocida" a quien se dedica el poema en la edición original, pero eliminada en el libro) a quien se invita ("¿Vienes...?") a recorrer lo que se ha denominado la "geografía erótica" del poeta (Carlos, 1967). Esta peregrinación se resuelve en un ejercicio de reminiscencia amorosa cultural (Zamora Vicente, 1973) que comienza por el amor mitológico del Dios de piedra y del muslo de Diana desnudada por los pintores del XVIII francés (Marasso, 1968) —también personaje de otros poemas como "Era un aire suave..."—, para seguir por el amor "griego" de la fiestas galantes. Aquí se canta a la Grecia de Francia cuyos personajes son la marquesa (Eulalia en "Era un aire suave...") y el abad pecaminoso. Así se suceden los amores italiano, alemán, español, chino, japonés, hindú, hebreo y africano en las variedades del

---

de su carácter de cardinal o emblemático en una "extensión" significativa que ilustra una variedad dentro del carácter general señalado. Anulamos en este comentario el orden de precedencia *cronológico,* así como el posible orden *temático.* Se busca examinar el *lugar* de cada texto en la obra del autor y en el ciclo específico de este libro.

amor pasional. La culminación del viaje es el *amor total,*
esperado en el canto imperativo de las últimas estrofas,
encarnado en la figura de Venus naciendo de las olas
("ámame, mar y nube, espuma y ola") que reaparece
siempre en los momentos importantes de su poesía. No
es extraña a esta composición una estructura musical, ad-
vertida también en sus poemas más clarividentes (Lorenz,
1960), cuyo origen está en la analogía sinfónica y sus
variedades: exposición de temas, variaciones o juegos
sobre ellos y final de síntesis. En este poema, los impera-
tivos finales anuncian la segura angustia como término
del itinerario: "Amame así, fatal, cosmopolita, /universal,
inmensa, única, sola/ y todas", "Sé mi reina de Saba..."
Una recta lectura del poema desmiente el carácter "im-
provisado" que pueda sugerir el título, común, además,
a otras composiciones.

Una segunda clave es la expuesta en "Sonatina", uno
de los textos más importantes de la producción dariana,
muchas veces desatendido por la crítica satisfecha en lo-
calizar en este poema el "manierismo" del modernismo
y el término de imitación de los seguidores de su retórica.
Visto en perspectiva y en relación con la poética de Darío,
"Sonatina" es una obra de plena madurez (compuesto y
publicado a mediados de 1895), y no un gratuito alarde
de pirotecnia verbal. Es además, un desarrollo de la
retórica que vimos en "Divagación", es decir, la de la
sonata/sonatina (forma microsinfónica). Hay en él dos
líneas: la *orquestación armónica de dos conceptos clave,* por un lado, que son los de *tristeza* y *esperanza*
(Lorenz, 1960; Hatzfeld, 1974) los cuales forman a través del despliege de su campo significativo una trama
poética de la que emana toda la virtualidad expresiva del
que ha venido a ser para muchos el canon de poema modernista. La segunda línea es la que expresa una *filosofía
del alma* (Concha, 1967; Dyson, 1967). Es el alma-alada
(golondrina, mariposa) encerrada en los límites de la sensibilidad encadenada, "encastillada" ("presa en sus oros,
presa en sus tules", en la "jaula de mármol"), que espera
liberarse y elevarse por sobre la desdicha terrena por me-

diación del príncipe vencedor de la muerte (Salgado, 1976). El beso de amor (reminiscencia fabulosa y mítica, v.gr., por la vía de la Bella Durmiente evocada en "El reino interior") es la posibilidad de transformación y elevación: el alma-hipsipila dejará la crisálida, gusano encerrado para ser por él y su virtud insecto emblemáticamente bello que se eleva y se salva ("ir al sol por la escala luminosa de un rayo"). Este poema, por haber plasmado más acabadamente que muchos otros la filosofía del alma de Darío ha sido el más imitado; esto lo ha empastado en la retina de los críticos hasta la pérdida de virtualidad significativa. Esta fuga de lectura en los receptores hace singularmente posible y necesaria la relectura profunda y comprensiva de "Sonatina" por encima de su inocente anécdota, que sólo tiene valor metafórico. En esta línea puede considerarse a la útil interpretación de Glendinnig [1972]. Forcadas [1972 y 1974], por su parte, ha ahondado en el mundo imaginario de Darío a través de las fuentes hispánicas de este poema.

"Coloquio de los centauros" es la exposición más extensiva de la poética y de la filosofía del autor, en términos de declaración de una cosmovisión. La forma dialogal, que algunos críticos han visto emparentada mediatamente con la fórmula socrática (Faurie, 1966, cap. II), es singularmente apta para el discurso dialéctico. Compositivamente hay que señalar en este extenso poema dos elementos: primero, la radicación ideal en la "isla de Oro" del "ensueño inmortal", "la eterna pauta" y "las eternas liras". Esta isla es la misma que opera como término del viaje de "Marina" y también la habitación ideal de las musas en "El país del sol", así como en "Sonatina" la princesa sueña en el "rey de las Islas de las Rosas fragantes". [39] El segundo elemento es la recurrencia del esquema

[39] Darío se expresa en 1895 así, en torno a la patria ideal: "...mi amigo Leopoldo Díaz debe fletar una barca, sacudir el polvo de sus zapatos de moda y partir para siempre con rumbo a la Isla de las Rosas, al reino de la montaña de los Siete Enanos o a cualquier parte fuera de este mundo feo" ("Bajo relieves, de Leopoldo Díaz" [diciembre de 1895], en Mapes, 1938, p. 80). Ma-

que alterna *la quietud y el movimiento* ("Sinfonía en gris mayor" y "Epitalamio bárbaro" también lo hacen): aquí el poema se abre con un escenario en movimiento (irrupción de los centauros), se desarrolla en la quietud del diálogo, y se cierra con la irrupción del viento y la "rebelión natural" por obra de Apolo-Febo.

No es casual o caprichosamente decorativa la elección de la figura del centauro como protagonista de este poema. Ya se ha afirmado (Durand, 1967) que la atracción por las figuras híbridas, compuestas y por ende ambiguas y duales de la mitología obedece al sistema analógico de fondo de la poética del autor: centauros, sátiros, hermafroditas, son una alusión metafórica a la tensión latente en su pensamiento estético, boyante entre la eternidad y el tiempo, la dualidad sexual, la aspiración carnal y la elevación mística, la simultánea atracción por el pecado y la virtud, de que es paradigma un poema como "El reino interior" o, más directamente, "Toisón" (1910).[40]

---

llorca, como se sabe, es la Isla de Oro en *El oro de Mallorca* (p. 184).

[40]   *Toisón*

> Yo soy un semi-centauro,
> de semblante avieso y duro,
> que remedo a Minotauro,
> y me copio de Epicuro.
>
> A mi frente agobia un lauro
> que predice mi futuro,
> y en la vida soy un Tauro
> que derriba fuerte muro.
>
> Yo le canto a Proserpina,
> la que quema corazones
> en su cálida piscina.
>
> Soy Satán y soy un Cristo
> que agonizó entre ladrones...
> ¡No comprendo dónde existo!
>
> (París, 1910.) (*PC.*, pp. 1043-1044.)

Para la tradición literaria del tema del centauro, v. Marasso, 1927, 1934 y 1951; Mallorana, 1957, y Faurie, 1966.

Esta tensión emblematizada en unos centauros, más que inventados recreados a partir del relato de Ovidio (cuya *Metamorfosis* presenta el elenco de personajes del "Coloquio..."), es la que se expresa en los núcleos temáticos del poema. En su fundamental ensayo sobre la figura del centauro en la literatura de fin de siglo, Hinterhauser ha analizado a la luz de la tradición inmediata y del pensamiento arquetípico sus tres posibilidades significativas: la fusión de las pulsiones de lo amoral y lo sublime (rango mítico); la expresión del anhelo de totalidad del hombre; y el centauro como símbolo contrario a la decadencia, por la síntesis de la fuerza animal y la inteligencia en una figura de estirpe divina (Heinterhauser, 1969, pp. 170-174).

La figura de Quirón como sabio ejerce la "mayéutica" en el poema. Así, propone la celebración de "la gloria de las musas" y del "triunfo del misterio terrible de las cosas", que se despliega en el momento dramático, siempre bajo la conducción del "padre y maestro" (atributos de Verlaine en el "Responso"), dueño de la ciencia y *leitmotiv* de una estructuración también sinfónica, que elabora ordenadamente [41] las variaciones sobre unos pocos temas afirmativos de la doctrina cosmológica y poética de Darío. En primer lugar se afirma la dualidad de la realidad: existe en la Naturaleza un orden aparente, visible, que es "cifra", "gesto", "enigma" que esconde un secreto fundamental, que es también "norma", sólo accesible al poeta-vate descubridor del misterio por su capacidad de oír el "acento desconocido" (Giordano, 1968, I Parte). A partir de esta aseveración, que recoge todo el venero del gnosticismo occidental, se comprenden las demás dualidades: [42] la que existe entre el bien y el mal

---

[41] Se ha hablado acertadamente de la "falsa dispersión en la composición del poema" (Echevarría, 1969).

[42] Sobre el fondo gnóstico de la cosmovisión dariana y modernista, véase: Gullón, 1967; Skyrme, 1975; Jrade, 1979 y 1980*b*, y, naturalmente, Marasso, 1934, *passim* (esp. "Filosofía y hermetismo", pp. 27-32). Para el marco general, Allegra, 1978 y 1981, y Jensen, 1979.

es interpretada como forma del enigma, la dualidad sexual es fruto de la caída de la persona en el tiempo: la Venus adorada como emperadora del Universo (la maligna de la invectiva de Hipea) [43] tendrá su solución en la evocación del mito del andrógino, mito primordial y utopía salvífera de una fractura esencial. La muerte es igualmente término de la dualidad tiempo-eternidad, y es privilegio de los mortales negado a los dioses, que añoran el encuentro "amoroso" con la "bella inviolada", la doncella eterna que proclama la victoria de la "humana especie".

El concilio de los centauros culmina el movimiento sinfónico de variaciones sobre estos tres temas con la irrupción natural y la perturbación que desordena el escenario. Sólo se oye como fondo el canto de la cigarra apolínea, la misma disonancia de la tranquilidad en "Sinfonía en gris mayor".

A modo de resonancia de este tratamiento de la figura del centauro, es necesario aludir aquí a los poemas de la sección "Recreaciones arqueológicas", que configuran una suerte de bosquejo temprano (1892) de la escenificación mitológica. En "Friso" aparece un tipo de centauro salvaje e inquieto, contrapartida de los sabios centauros de 1896, como personaje de un ensayo de las posibilidades de la plasticidad parnasiana. El poema aparece como una "impresión" del paso de la "lírica procesión" enmarcada por la imagen del Dios viril labrado en mármol. Idéntico carácter se ha reconocido con acierto en "Palimpsesto" (Skyrme, 1976), en especial por su modalidad de transcripción "pictórica" cristalizada estilísticamente en el uso de los verbos.

"Responso", dedicado a Paul Verlaine en ocasión de su muerte (Estrada, 1916), tiene el modelo de la actitud elegíaca que, como han afirmado Valbuena Briones [1967] y Trueblood [1968] evoca la más nítida tradición pas-

---

[43] ¿Es Hipea/Hipassos una centaura o un centauro misógino? Las opiniones se dividen en un sentido (Méndez Plancarte y Oliver Belmás, 1967, p. 1184; Faurie, 1966) y en otro (la mayoría de los críticos, con más sólidas probanzas).

toril: la muerte del poeta es equiparada a la muerte de una deidad natural, frente al espectáculo de la tumba primaveral. Esta analogía de la fecundidad natural (trasladada al ámbito de la fecundidad poética) sugiere, ante la promesa del renacimiento cíclico de las especies, la interdicción del llanto, expresión de aceptación de la "sabiduría" y la necesidad de la muerte. Esta, como toda experiencia fundamental, es expresión dual y ofrece la ambigüedad como enigma: el cuervo y la golondrina-ruiseñor aparecen como posibilidades emblemáticas. El sátiro hace dibujar su figura espectral sobre la "negra montaña de las visiones", amenazando a la vida y la salvación espiritual, en uno de los pasajes más herméticos de la poesía de Darío, para cuya lectura se debe acudir al marco gnóstico de su doctrina poética. [44] Esta montaña

---

[44] Es imprescindible, para la plena lectura del "Responso", el cotejo con el "Frontispicio del libro de *Los raros*" que, como es sabido, no fue incluido en el libro del título. Se transcribe a continuación de Mapes, 1938, pp. 79-80:

FRONTISPICIO DEL LIBRO DE "LOS RAROS"

Pan, el divino Pan antiguo, se alza en primer término. Mas como las voces que un día anunciaron su muerte, no mentían, ese Pan que se alza en medio de la noche, en la negra montaña hechizada de luna, es el dios-aparecido. Mirad sus brazos de momia, cómo sostienen los siete carrizos de Siringa; mirad su cabeza sin ojos, sus secas mandíbulas en donde algún resto de las barbas salvajes queda adherido, semejante a vegetación sepulcral; su boca que tanto supo de risa, de beso y mordisco sensuales, y que sopló tan soberanamente los más bellos cantos de la flauta, lanza hoy un aliento frío en el muerto instrumento, del cual brotan desconocidos sones, extrañas músicas de sueños, melodías de misterios profundos.

* * *

La Montaña de las visiones, impregnada del aliento de la noche, alza sus torres de oscuros árboles poblados de espíritus errantes y sollozantes. Mirad, mirad en lo más negro de la montaña, y veréis brillar a veces ojos de fuego. La vasta y arcana montaña guarda sus hondos secretos, y tan sólo pueden saber las voces sin palabras de las visiones, los que han oído,

(evocación de la tradición mística) es hito de dos posibilidades: el triunfo demoníaco de la materia representada por el sátiro (Pan-demonio), o la apertura de la vía soteriológica (que es la que se verificará). El sátiro huye para

---

perdidos, ay, en la peregrinación, lo que brota de la boca sin labios de Pan espectral.

* * *

La luna hechiza con su pálido riego de luz, el temible, misterioso, peligroso recinto, en donde suele verse danzar, al fulgor enfermizo, a la Locura que deshoja margaritas, y a la Muerte, coronada de rosas.

La Luna deja ver, de cuando en cuando, en medio de los boscajes silenciosos, la redondez de una cadera de nieve, y si se pone atenta la oreja, se cree oír como que vibra una risa de ninfa.

* * *

Yo veo venir al caminante joven, con la alforja y la lira. Viene al ocultarse el sanguinoso astro; viene con la hermosa cabellera húmeda todavía, porque ha sabido guardar en ella el rocío de la aurora; las mejillas rosadas de besos, porque es el tiempo del Amor; los brazos fuertes, para apretar los torsos de carne; y así viene, camino de la negra montaña!

Corro, corro hacia él, antes de que llegue al lugar en donde se alza, en el imperio de la noche, la cabeza del dios-aparecido, con cuernos y sin ojos: 'Oh, joven caminante, vuelve; vas equivocado: este camino, tenlo por cierto, no te lleva a la península de las gracias desnudas, de los frescos amores, de las puras y dulces estrellas; vas equivocado: éste es el camino de la Montaña de las visiones, en donde tu hermosa cabellera se tornará blanca, y tus mejillas marchitas, y tus brazos cansados; porque allí está el Pan espectral, al son de cuya siringa temblarás delante de los enigmas vislumbrados, delante de los misterios entrevistos...'

El caminante joven, con la alforja y la lira, cual si no escuchara mi voz, no detiene su paso, y a poco se pierde en la Montaña, impregnada del aliento de la noche y hechizada por la Luna.

Revue Illustrée du Río de la Plata, noviembre de 1895.

En este texto aparece otra forma de la patria ideal. "la península de las gracias desnudas, de los frescos amores, de las puras y dulces estrellas".

dejar abierta la doble solución: la expresiva, en la unión
de la flauta a la armonía ideal (es decir, la que propicia
la tradición gnóstica, o más precisamente pitagórica), y
la doctrinal, a través de la cruz iluminada en la montaña
oscura como faro de salvación. Opera aquí, como se ve,
la leyenda del Verlaine católico del que se hace eco Darío
en su ensayo sobre Verlaine de *Los raros*. [45]

De los poemas reunidos en 1896, "El reino interior"
cierra la serie de los poemas "cardinales". La misma figura del alma [46] "pensativa", mariposa hermana de la
Bella-Durmiente-del-Bosque (cf. "Sonatina") está encerrada en la torre terrible (cf. el castillo) y contempla la realidad desde la emblemática *ventana*. [47] La mención de los
treinta años personaliza (y biografiza) el interés de este
poema: no hay ahora espera (del príncipe o de la experiencia salvadora) sino que el alma-princesa asiste, frágil
(indecisa, adolescente, presa de ambigüedades y confusión),
a la teoría de las virtudes y de los pecados capitales. Virtud y vicio son nuevamente las alternativas que establecen
la tensión. La anécdota de la errónea traducción de Fra
Domenico Cavalca [48] permite advertir al color *rosa* (*rossa* =
roja, según el original y en correcto italiano) como el
simbolizador de un estado sensual, connotado en varios
poemas de la obra y del autor. No hay aquí solución ni
síntesis, a menos que se entienda por tal esa indecisión
final, en una suerte de experiencia de la ambigüedad como método. Este poema, del que no se conoce edición

[45] Véase sobre este aspecto: Carlos, 1965, y Trueblood, 1968,
en especial para el campo de connotaciones religiosas.

[46] Sobre el símbolo del alma en Darío, v. Rull, 1965.

[47] Para el tema de la ventana en la poesía modernista española,
tópico revelador de una poética compartida por el modernismo
hispanoamericano, v. Aguirre, 1979. Cf. Monguió, 1968. Dice Darío en "Palabras liminares: "(A través de los fuegos divinos de
las vidrieras historiadas, me río del viento que sopla afuera, del
mal que pasa)."

[48] Sobre la recepción del medioevo en el marco del prerrafaelismo, y en especial de la figura de Cavalca, v. López Estrada, 1971,
p. 91-93 y 133-137. También, para Darío algunos años más
tarde, López Estrada, 1980.

anterior a la de 1896 en el libro, es lo suficientemente claro como para aventar las interpretaciones que quieren ver en Darío una superación poética de esa ambigüedad en términos filosóficos o religiosos. [49]

Pertenece al ciclo de los poemas cardinales, la casi totalidad de la sección "Las ánforas de Epicuro", agregada a la ed. París (1901). Esta establece una continuidad con una línea permanente del autor, que viene desde su juventud y que alcanza aquí su máxima expresión, cual es la de *la poesía meta-poética*. De la sección tal cual la editó en 1901 dejamos afuera aquellos que se apartan de esta línea, con lo que restan diez sonetos que expresan la más sólida poética que Darío pudo cristalizar en momento alguno de su obra. El ideario poético y filosófico de poemas como "Coloquio de los centauros", "Responso" y "Sonatina" halla aquí *razón poética* abriendo, para los años de nuestro interés, lo que se ha denominado un "segundo Darío" (se trata de poemas escritos a partir de 1898, aproximadamente), [50] no explicable en la voluntad de ofrecer junto este ramillete de poemas si no se tiene en cuenta el ya mencionado papel de Darío como renovador para el público contemporáneo.

Poemas como "La espiga" nos permiten avizorar que el horizonte ocultista (pitagórico o gnóstico-iniciático) no es el único (como ya se vio en "Responso"): la simbología cristiana es clara (Jrade, 1979 y 1980a).

La serie de los poemas "filosóficos" (como los caracterizó el mismo autor) se completa con "La anciana", reiteración del tópico del *carpe diem* y del renacimiento primaveral de la rosa seca que volverá a volar como otra

[49] Para una revisión acertada de la cuestión de la fuente verlainiana de este poema, v. Fiber, 1972-1973, que discute los conocidos argumentos que afirman esa influencia de Chasca, 1956, y Fein, 1967. La presencia de Eugenio de Castro y su poema "L'Hermaphrodite" que Darío pudo leer en la versión francesa del *Mercure de France* (XIII, 1895, 42-46), ha sido examinada por Fein, 1967, y Monguío, 1968. Véase sobre la influencia general de De Castro: Fein, 1958, y Rossi, 1981.

[50] Véase Gullón, 1967 y 1971; Phillips, 1967, y Rasi, 1976.

mariposa en elevación, y con "Alma mía", que plantea
el tema de los otros siete textos de la sección: la interpe-
lación imperativa a un *tú* a quien se alecciona sobre una
suerte de moral poética. El poeta (un joven discípulo,
quizás) debe buscar la armonía universal en sí mismo,
condición que le permitirá superar y "atravesar" indemne
los "males", comprender el enigma de la Esfinge en la
inspiración: habrá de ser así un dios y un profeta.

Los otros textos ofrecen el camino necesario: la originalidad defendida como tesoro ("La fuente"; cf. Zardoya,
1967), el verbo como posibilidad de superar la fractura
esencial, sugerido por otra figura dual y ambigua como
la satiresa ("Palabras de la satiresa"; Feustle, 1977 y
1978). La vertiente pitagórica tiene su síntesis más clara
en "Ama tu ritmo". "Yo persigo una forma" es probablemente, como cierre del libro, el poema que alude de
modo más directo a la vocación de *decir lo indecible,* para
lo cual no basta la posesión del "estilo" que puede no
encontrar "su forma". ("Syrinx Dafne" adelanta una visión en este sentido).

"A los poetas risueños" y "A maestre Gonzalo de Berceo" son declaración de afinidades en el taller de la palabra, una suerte de reiteración del Parnaso ya conocido
por otros textos meta-poéticos y por la obra crítica contemporánea.

"Pórtico" es un recorrido por otra geografía, ahora poética, pero paralela a la amorosa de "Divagación", de la
mano de la "La musa de Rueda" (título original del poema
y que expresa su contenido más explícitamente [Salterain
y Herrera, 1959]). "Elogio de la seguidilla", nacido de la
trunca voluntad de poner en verso sus afinidades más tempranas con la poesía española, es complementario de los
siete poemas de la sección "Dezires, layes y canciones",
cuya línea temática no llega a imponerse por sobre el carácter deliberadamente *experimental* de su primitivismo.
Este experimento desencadenaría polémicas cuyo interés
ya hemos reseñado a partir de los juicios contemporáneos
de Unamuno y Rueda.

Los poemas emblemáticos

Denomino poemas *emblemáticos* a aquellos que *articulan* en emblemas (en su acepción retórica) la gramática de los poemas cardinales. El erotismo, cuyo sentido hemos precisado en los poemas ya comentados, encuentra en "Era un aire suave..." su encarnadura más brillante: la marquesa Eulalia, frívola y bella, dueña de la risa de oro (del ensueño ideal), es eterna y cruel. [51] Es la misma figura femenina denostada por Hipea en "Coloquio de los centauros", contrafigura de la divina Venus cantada allí como emperadora del universo, o que cerraba "Divagación". El ambiente es el del frívolo "aire suave", donde deambulan abades picarescos, vizcondes que pretenden sus privilegios, concedidos en la privacidad ambigua y pecaminosa a su paje- poeta (recuérdese la alusión a Medoro en "Otro decir"). La arquitectura del poema, analizada en el juego de los tiempos verbales y las personas en que se localiza la voz poética (Benítez, 1967), está al servicio de la construcción de ese personaje femenino que no es nuevo en Darío como figura eterna (vence al tiempo) y torturante (esgrime las flechas de Eros, el cinto de Cipria y la rueca de Onfalia).

La reflexión sobre la necesidad de "corresponder" el microcosmos con la "armonía ideal" macrocósmica tiene su articulación en varios de los poemas emblemáticos. Por un lado, el cisne, figura recurrente del autor, aparece en "Blasón" y "Los cisnes". El primero traza el retrato del ave ideal, metáfora del más puro de los mundos, el de la evocación entre aristocrática y onírica. Importa quizá menos lo primero que lo segundo, desde que la estirpe erótico-estética del ave ideal (del mito de Leda a Wagner) asegura una significación poética precisa y que da sentido a todo lo demás. Su retrato inspira, así, las analogías más

---

[51] Sobre las imágenes de la mujer en los modernistas, v. Ferreres, 1969, Litvak, 1979, pp. 141-149, e Hinterhauser, 1980, pp. 91-121 ("Mujeres prerrafaelitas").

profundas: la lira y el ánfora son ya suficientemente claros como elementos germinales de dos actitudes que se
han visto en los poemas cardinales: la reminiscencia mítica
y la consideración de la poesía como herramienta gnoseológica. "El cisne" despliega las posibilidades analógicas
de la figura del título, como ave que recorre los momentos nucleares de la poética del autor. A un cisne histórico
(el del canto agónico) se superpone otro estético (el que
abre la aurora de "la nueva poesía") en Wagner: [52] ahora
Leda seducida alumbra a Helena, "princesa de la hermosura" "eterna y pura que encarna el ideal". No se ha
escrito todavía el ensayo sobre los cisnes en Darío lo suficientemente comprensivo de una temática que se ha pres-
tado —como otras tópicas del autor— para la ironía y la
detracción crítica, y que podrá revelar y simplificar el
sentido analógico de este problema en el territorio total
de la poesía modernista.

Dos poemas pueden ser leídos sin violencia en este marco que proponemos como ejercicios sinfónico-verbales en
torno a la metáfora de los colores. "Bouquet" es un ejercicio sobre el *blanco,* nacido de la simpatía evocativa de
Gautier. En reiteración del itinerario mental, ahora colo-

---

[52] Aunque erróneamente atribuido a Darío, es interesante para
el conocimiento de Wagner en el Buenos Aires finisecular, el artículo de *Asmodeo* [Manuel Láinez], "Impresiones teatrales: La
divina comedia musical (Lohengrin)" (1895), en Ibáñez, 1970,
pp. 105-108. En España, sobre el filo del siglo, el interés por
Wagner parece ya impuesto. Así surge del lugar que ocupa como
tema de discusión en un órgano generacional como *Vida nueva*
(Madrid): "El wagnerismo en España", por Ignacio Florián (número 30, 1 de enero de 1899); "Wagner", por M. M. y P. (número 31, 8 de enero de 1899); "La Walkyria", por René de Recy (íd.);
"Nuevo escándalo. Luis II y Ricardo Wagner", anón. (núm. 32,
15 de enero de 1899); "Amigos y detractores de Wagner (Baudelaire, Wolff, Nietzsche, Nordau)", anón. (íd.); "Walkyricemos",
anón. (íd.); "Cómo debería representarse la Walkyria", por
Félix Borrel (núm. 33, 22 de enero de 1899); "¡Pues walkyricemos!...", por Eduardo L. Chavarri (núm. 35, 5 de febrero de 1899);
"El precursor de Wagner", por Ignacio Florián (núm. 39, 3 de abril
de 1899).

rista, se evocan las resonancias y los armónicos del blanco en el registro verbal. [53] Una más sólida estructuración tiene "Sinfonía en gris mayor", el poema más antiguo de la colección, pero no por ello menos significativo en el marco de la poética de la década áurea. Se ha estudiado con solvencia el carácter estrictamente "sinfónico" del poema (Lorenz, 1967): la dialéctica anímica del recuerdo y la melancolía del fugaz personaje que anima el estólido escenario tiene su resonancia en la dialéctica movimiento-quietud. El tiempo presente asegura esa estolidez del panorama, sólo roto por los esfumados movimientos del marco, que resultan variaciones de unos temas expuestos en la primera estrofa. La quietud final deja como única disonancia el canto del grillo y de la cigarra que, como en "Coloquio de los centauros", cierra la pieza como *único sonido* (Trueblood, 1967). Es en esta clave como "Sinfonía en gris mayor" pierde el carácter meramente anecdótico que su parvo tema podría motivar. Rescatar este flanco de significación "musical" (con lo que este terreno implica en Darío) es lo que ha permitido ver en éste a uno de los poemas emblemáticos más reveladores de un momento fundamental de la poesía de Darío. Poema de contrastes, de derivaciones y desdoblamientos fónicos, no necesita de la apoyatura comparatística para decir su identidad en un camino que se aleja de todo modelo ajeno, recordado sólo en el título (Diaconescu, 1973-1974).

El misterio de la forma y su "sentido" (problema ya expuesto en los poemas cardinales) es objeto de dos poemas que por su estructura salmística y el indudable hermetismo de su lectura, pueden caracterizarse como "ejercicios de analogía", a través de las correspondencias (en el sentido baudelairiano). "Heraldos" hace uso de la frase exclamativa y su virtualidad "vocativa" para *decir* nombres de mujer extraídos de la amplia cantera cultural del autor (especialmente de la mitología y de la tradición bíblica), y sus respectivos "heraldos" o anunciadores, en un "ex-

---

[53] Sobre las claves del color blanco en el modernismo español, v. Litvak, 1979, pp. 57-63.

clamar" sin destinatario preciso. Es este poema, si se quiere, otra divagación, ahora por la geografía femenil que culmina con la frase interrogativa que se pregunta por *Ella*, la mujer ideal y esperada que no tiene "heraldo", aunque se la desea en el espacio dudoso del futuro, al que se lanzan todos los anhelos no cumplidos en Darío. *Ella* es otra de las figuras de la galería interior del Ideal.

Un ejercicio del mismo tipo, ahora en clave gramatical declarativa, es "Canto de la sangre", el segundo de los poemas de evocación verlainiana (forma, junto con "Responso", la sección "Verlaine", y está inspirado en "Voix de l'Orgueil..." [1875], *Sagesse,* de Verlaine). La crítica ha coincidido en resaltar el sentido musical de su composición (Lorenz, 1960; Feustle, 1977), rango presente en el tema (los instrumentos que "anuncian") y en el esquema rítmico que evoca, como "Heraldos", una estructura salmística subyacente. La sabiduría musical de Darío es bien conocida (Ruiz de Galarreta, 1973) y se muestra aquí en el papel atribuido a cada instrumento, susceptible de un acompañamiento metafórico de extremas experiencias sangrientas: la muerte fraticida, el sacrificio divino, el martirio, la caza, la unión sexual, la ejecución y el suicidio. Cada una de éstas es parte de la frase nominal que es cada verso, con su correspondencia simétrica en el "ruido" de cada instrumento: clarín, órgano, salterio (cítara), cuerno, lira, tambor a la sordina y organillo.

La experiencia de la unión sexual, menos frecuente de lo que haría suponer la doctrina erótico-trascendental del Darío de poemas como "Divagación" y "El reino interior", aparece claramente tematizada en tres poemas. "Ite missa est" establece nuevamente la dualidad amor-veneración/amor-profanación, en términos cercanos a la blasfemia o el sacrilegio. Aquí el beso es "rojo y ardiente" (placer), pero se vuelve mecanismo de revelación, al despertar en la "vestal intacta" a la "faunesa antigua" (cf. "Sonatina", nuevamente). El sexo es experiencia gnoseológica y de ascensión a otro plano de virtual sabiduría, merced a una unión cuyo modelo ya le ha sido útil al poeta por referencia implícita en los poemas cardinales. Esta doble tensión que establece el *carnalismo místico* (Ycaza Tigerino, 1958, pp. 43-46; Feustle, 1974) es más directa en "Mía" y "Dice Mía", poemas que forman una unidad. Las dos lecciones que consignamos en la edición permiten una dualidad de lecturas que conducen a dos posibilidades interpretativas (en especial el cambio de personas del segundo poema), pero ambas coinciden en expresar la posibilidad reveladora en el orden espiritual de la unión sexual (Concha, 1967, pp. 63-65). *Mía* deja de ser pronombre posesivo para convertirse en *nombre* y persona interlocutora, a partir de una traslación de la propiedad al sujeto.[54] La posesión sexual es anulación de la dualidad en un establecimiento transitorio de la armonía ideal, que permite vislumbrar la eternidad en el instante ("Mía"). El alma revelada en ese instante (la del poeta o la de *Mía*, fundidos en una misma persona) es nuevamente mariposa que deja la crisálida para ser, en un caso cadáver, en otro gesto enigmático (aludimos a las dos lecciones de "Dice Mía"): aquí la analogía se proyecta sobre la "melodía de un rayo de luna", verso cuyo desentrañamiento permitiría un recorrido por toda la poética del autor.

"Epitalamio bárbaro" narra el rapto por Sagitario (otra figura dual) en el marco mitológico y en un escenario *quieto* cuya apacibilidad es rota por la irrupción momentánea del *movimiento* que conmueve a todo el cosmos. Los testigos del rapto son Apolo y Venus (en la misma actitud del poeta y su amada en "Friso"). El centauro rapta a la estrella y este hecho ordena y desordena al universo físico y animado. Aquí hay una revelación de la concepción unitaria del universo del poeta.

"La página blanca" reitera la visión del poeta de la vida puesta en el límite: la angustia del escritor ante la página por escribir es trasmutada a la propia vida, recorrida por los cuatro camélidos: los camellos llevan los dolores, los ensueños y las esperanzas de que se teje la vida a partir

---

[54] *Mía*, usado también como nombre, aparece en "Otro decir", v. 3.

de *la voluntad*. El dromedario lleva a la muerte (nuevamente "la bella inviolada", la doncella inaccesible pero siempre vencedora) que es el otro extremo: la fatalidad.

El viaje es una de las experiencias arquetípicas, no sólo en Darío y el modernismo, sino en la poesía del eón simbolista, desde el Romanticismo a Baudelaire y su herencia internacional. La "Marina" de *Prosas profanas* acude al socorrido título pictórico, primera alusión al Watteau de *Un voyage a Cythère* (Baudelaire), texto erróneamente atribuido en el texto a Verlaine. El término del viaje es la Isla de la Vida, que no es la primera isla que la poesía dariana (New York, la de hierro, la isla de plata, la isla de las rosas, la isla de oro, etc.) y que es habitación de "rosas y de niñas". Éste es un viaje iniciático y transformador (como el beso, como la unión sexual, como el vuelo) que alumbra a una nueva persona a costa de dejar, con coraje y espíritu de aventura, "la vida vieja" para adentrarse en la "isla misteriosa". La vida vieja es la personificada por la "ilusión" despreciada en la singladura que queda aullando —abandonada e inservible— como "un perro a la muerte". Un nuevo corazón reemplaza al "viejo corazón" que se resiste al llamado del pasado adoptando un gesto de reminiscencia homérica: un Aquiles que se tapa los oídos con tapones de cera (ya se sabe el doble error: ni Aquiles ni tapón de cera: Ulises y atado al mástil de la nave) (Martínez Rivas, 1967).

Los poemas "varios"

Hablar de poemas "varios" no es hacerlo sólo de poemas circunstanciales: esta catalogación no se hace sobre una jerarquización sino sobre una localización de cada pieza en la poética del autor y su desarrollo en el que probablemente sea su libro más significativo. Algunos poemas de este apartado nacen de una anécdota circunstancial, otros de una evocación, otros de una fecha, otros de la voluntad de recrear algún momento de la tradición literaria.

"Del campo" es el primero de los poemas "argentinos" del autor, serie que tendrá su culminación expresiva en el conocido *Canto a la Argentina* (1910). La visión de la Argentina enuncia la postura de los modernistas ante el progresismo de la naciente república, que resume los empeños de los gestores de la "organización". Lo nuevo y moderno, en el sentido de la civilización, mata a lo viejo y tradicional. El emblema es la calle Florida, sede de "la gloria, la Banca y el Sport", y donde aparecen, fantasmagóricamente, Puck, Oberon, Titania y el viejo Pierrot (figura ésta de las más habituales del modernismo de filiación verlainiana). El término de contraste es el ruiseñor ausente: la poesía, el ave del ideal, etc. El emblema de lo viejo (quizá evocando a Santos Vega) es el gaucho, representante de la poesía, jinete espectral expulsado de las pampas por la civilización. La parquedad de la vena social en la poesía de Darío contribuye al esquematismo de esta pieza que es, igualmente, representativa de una idea: la de los jóvenes proto-espiritualistas porteños en actitud de crítica ante algunas de las consecuencias que en el orden social y mental se vienen verificando como fruto del proyecto de "organización" bajo el signo del positivismo al amparo de la creciente prosperidad. Un carácter más circunstancial tiene "Año nuevo", alegoría de almanaque que culmina con una reflexión sobre el tiempo: el año nuevo es el triunfo de la vida y de Dios, que ahuyentan al demonio y a la muerte.

El carnaval es un tema más adquirido que tematizado en profundidad en Darío. De curiosa tradición en la poesía simbolista, tendrá en Lugones (*Lunario sentimental*, especialmente) su más variado tratamiento, al servicio alegórico de una idea poética. Para Darío la mascarada es sólo una ocasión para convocar a una galería de conocidos personajes, que encarnan un par de obsesiones ya conocidas. "Canción de carnaval", como "El faisán", aprovechan el tópico del disfraz para reflexionar sobre la versatilidad de las máscaras. En el primero, las máscaras de la Musa aparecen en la incitación —en tiempo de disfraces— a ser fecunda y varia en todos los estilos (hay aquí también una

derivación hacia lo meta-poético). [55] "El faisán" aprovecha
el trasvestismo carnavalesco para desdoblar la voz y el
personaje del poeta: Pierrot es la máscara del "poeta peregrino en tierra extraña" (el poema data de la primera
estadía parisina) junto a la ocasional compañera, y es
también Pierrot que llora, como es de esperarse, la muerte
de la luna.

Las mujeres motivan buena parte de estos poemas "varios". Hemos recorrido el erotismo dariano y hemos aludido a sus poemas sexuales. Ahora tenemos a las que fal-
tan para completar la galería de las predilectas. Así como
"Bouquet" era un ejercicio en blanco, y "Sinfonía..." otro
en gris, "Alaba los ojos de Julia" lo es en *negro,* sobre la
base de los ojos de la dedicada de este poema de álbum,
que trasciende a la metaforización del amor y la muerte,
experiencias permanentes frente al límite. "Para una cubana" y "Para la misma" son dos poemas nacidos de la
contemplación del "retrato" de la "cubana japonesa" María Cay, cuyo exotismo excita el enigma de la condición
femenil. Dos mujeres "muertas" son base temática de otros
tantos poemas: "Margarita" es un personaje supuestamen-
te real [56] en quien se cumple un destino literario. La ambigüedad flor-nombre sustenta la significación según la
cual el poder de la muerte derrota al instante del amor
circunstancial. "El poeta pregunta por Stella" usa la

[55] De singular interés para la interpretación del poema, es la
glosa que hace Darío en la reimpresión del texto en el artículo
"Preludios de Carnaval", *El Tiempo,* 4 de noviembre de 1897
(Mapes, 1938, pp. 181-185). Un año después de la primera publicación del poema, glosa la fuente de Banville ("Chanson de Carnaval") en "Después del Carnaval", *La Nación,* 5 de marzo de
1895 (Mapes, 1938, pp. 74-77).

[56] "Entonces, sí, ya había caído yo en Buenos Aires en nuevas
redes pasionales, y fui a ocultar mi idilio, mezclado a veces de
tempestad, en el cercano pueblo de San Martín. ¿En dónde se
encontrará, Dios mío, aquella que quería ser una Margarita Gau-
thier, a quien no es cierto que la muerte haya deshojado, 'por
ver si me quería', como dice el verso, y que llegara a dominar
tanto mis sentidos y potencias? ¡Quién sabe!" (R. Darío, *Autobiografías,* p. 109).

interrogación retórica para conducir el recuerdo de la esposa muerta hacia la palabra triste de sus versos. El lirismo del blanco (=muerte), la estructura anafórica de la composición y la contención emocional (uso del adjetivo), hacen de éste el más logrado poema amoroso de la producción de Darío.

Un capítulo aparte ocupan dentro de los "varios" las reelaboraciones de textos literarios. "Cosas del Cid" es reversión en dos grados: de Barbey d'Aurevilly reelaborando la leyenda cidiana del mendigo, y la hecha por Darío de la niña (Zavala, 1979). La primaveral senda y el laurel y la rosa forman el marco paisajístico de una estampa que ha sido analizada como un gesto "primitivista" de Darío (López Estrada, 1971, pp. 55-56) en su segundo viaje de 1899 (Sánchez Castañer, 1970, pp. 62-72). "La gitanilla" reelabora una anécdota personal ocurrida en las fiestas de Velázquez y celebra la belleza adolescente y el gesto galante de Carolus Durán, acompañante circunstancial del poeta en el Madrid finisecular.

Tres poemas evocan diversos momentos de la hermandad modernista en Buenos Aires y Madrid. La fraternidad de la Idea de "Garçonnière" escucha, en un ambiente festivo, carnavalesco y báquico, los versos de D'Annunzio. "La Dea" tiene como destinatario a Alberto Ghiraldo y canta a la diosa bella, misteriosa e icónica, pero luminosa ante la visión humana. Estos versos fundamentales reiteran la rima Dea/Idea como núcleo significativo, conducente a la aparición de la misma deidad de "El Cisne". "La hoja de oro", poema escrito para encabezar el poemario de Joaquín Alcaide de Zafra, *Trébol* (1899) junto a los de Salvador Rueda y Eusebio Blasco, compara a la hoja de laurel roja que simboliza a la lujuria, [57] con el laurel, premio jasoniano a los navegantes hacia el Ideal. Leer esta dualidad de lauros en comparación con la última escena de "Cosas del Cid" ayuda a la lectura de ambos poemas, que no son ajenos a los temas básicos del autor.

---

[57] Este símbolo retoma el de "El reino interior", v. 51.

IV. LA CRÍTICA

Se ha escrito mucho sobre el eco despertado en la crítica contemporánea por *Prosas profanas* en sus dos ediciones (sobre la primera, v. Torres, 1980, cap. XVI). Si los poemas de Darío que lo formaron habían sorprendido en su publicación individual en diarios y revistas, la presencia sólida del libro produce un buen número de manifestaciones críticas que van desde el elogio abierto de *La Nación* (reseña del 9-I-1897) y *El Tiempo* (reseña de Miguel Ángel Garmendia del 12-I-1897), hasta la crítica comprensiva que censura algunos "excesos", pero rescata los méritos esenciales de la obra y del poeta, como la de Groussac o Rodó. La anécdota de los artículos de Matías Calandrelli se diluye en el océano del criticario antimodernista al uso en España y en algunos países americanos. Calandrelli calificará a la poesía de Darío de "devaneo de una imaginación enfermiza", etc. (Calandrelli, 1898a, b), palabras que motivarán una enérgica respuesta de Eugenio Díaz Romero en defensa de Darío (v. Loprete, 1955, pp. 35-37).

Groussac, en oportunidad de la publicación de *Los raros,* hace un riguroso examen del decadentismo francés, censurando sus rasgos predominantes, y acepta la influencia del prerrafaelismo inglés. El centro de sus preocupaciones se localiza en una cuestión común a otros contemporáneos suyos, como Unamuno [58] y Rodó: "faltaría... averiguar si

[58] Véase, de Unamuno anterior al 1900: *"La Maldonada. Costumbres criollas,* por F. Grandmontagne", *La Época*; 10 de abril de 1899; "Sobre la literatura hispanoamericana", *LN,* 19 de mayo de 1899; "Sobre la dureza del idioma castellano", *RN,* 15 (5 de julio de 1899); "Una aclaración: Rubén Darío, juzgado por Unamuno" (8 de agosto de 1899), en *Obras completas,* ed. M. García Blanco y otros (Madrid: Escelicer, 1967-1971), IV. Para la correspondencia entre Darío y Unamuno, Ghiraldo, 1940, pp. 33-49. Véase Metzidakis, 1960, y mi estudio "Razón, sensibilidad y poética: Otro deslinde unamuniano" (en prensa, *CILH*). El tema del decadentismo en Hispanoamérica comienza ahora a ser estudiado (v. Olivares, 1980). Este campo ha sido singularmente fructífero en el estudio de la literatura española de fin de siglo (Litvak,

la imitación del neobizantinismo europeo puede entrañar promesa alguna para el arte nuevo americano, cuya poesía tiene que ser como la de Whitman, la expresión viva y potente de un mundo virgen, y arrancar de las entrañas populares, para no tornarse la remedada lavativa de un histrión. El arte americano será original —o no será". [59]

Con la publicación de *Prosas profanas,* Groussac reitera sus opiniones antidecadentistas y su prédica por una literatura "original americana" en el orden temático (que es adonde localiza este parecer), pero vuelve a rescatar el valor del poeta en esta colección, un valor que su prestigiosa pluma de crítico niega a los imitadores de lo que considera la "escuela modernista": "el perpetuo hallazgo —¡tan bueno en castellano!— de las imágenes y ritmos evocadores de la sensación, en que se funden ciertamente elementos extraños, pero con armonía tan sabia y feliz que constituye al cabo una inspiración" (Groussac, 1897, 160). Darío, consciente del valor de esta actitud, esgrime palabras que son más de reconocimiento al crítico, que de justificación o refutación de argumentos. Aprovecha, en esta oportunidad por casi única vez, para mostrarse a la cabeza de la renovación poética hispánica. Léese en "Los colores del estandarte", ya célebre pieza publicada en *La Nación* (27-XI-1896) en respuesta al artículo sobre *Los raros* y cuando se está imprimiendo *Prosas profanas:* "Tengo, sí, un epicurismo [sic] a mi manera: gocen todo lo posible del alma y el cuerpo sobre la tierra, y hágase lo posible para seguir gozando en la otra vida. Lo cual quiere decir que lo veo todo en rosa. (...) Y he aquí como, pensando en francés y escribiendo en castellano [referencia a *Azul...* y su "galicismo mental"] que alabaran por lo castizo académicos de la Española, publiqué un pequeño libro que iniciaría el actual movimiento literario ame-

---

1977; Zuleta, 1978). Para una visión general en el marco internacional, es útil la obra de Gilman, 1979.

[59] Groussac, 1896, 480. Véase: Loveluck, 1967*a, b*; Pagé Larraya, 1962; Carilla, 1967*a* (cap. VII). Sobre el autor, v. el ensayo de Lagmanovich, 1982; sobre la revista *La Biblioteca,* v. Maeder, 1962.

ricano, del cual saldrá, según José María de Heredia, el renacimiento mental de España. Advierto que como en todo esto hay sinceridad y verdad, mi modestia queda intacta" (Mapes, 1938, p. 121).

Juan Valera elogia este nuevo libro, obra del poeta "quizá el más original y característico que ha habido en América hasta el presente" (Valera, 1897, p. 518). Sin embargo extraña, como Groussac, Unamuno, Gondra [60] y luego Rodó, "nacionalidad y terruño" y "profundidad filosófica": "La carencia de todo ideal trascendente, la cual hace que el fondo de los versos sea monótono, a pesar de la espléndida variedad de colores, de imágenes y de primorosos y afiligranados adornos con que el poeta pule, acicala y hermosea muchas de sus composiciones como joyas labradas con amoroso esmero por hábil e inspirado artista" (Íd., pp. 517-518).

Habrá que esperar a 1899 para que José Enrique Rodó dé a luz su célebre ensayo, que habría de encabezar las ediciones de la obra a partir de la edición de 1901 en varias editoriales. La pieza del uruguayo, pensada como parte de una obra de mayor aliento sobre Darío, [61] es la composición crítica más comprensiva que se ha escrito sobre la obra hasta el tratamiento de los últimos quince años, al punto que su validez —respetado el marco de su producción y con atención a la intención del autor— se verifica a casi un siglo de su aparición. Las dos más recordadas afirmaciones de este ensayo son representativas de la actitud de Rodó:

[60] Sobre el artículo del paraguayo Manuel Gondra, de conocimiento tardío para la crítica, v. Loveluck, 1967b, y Torres, 1980, p. 403.

[61] Así lo afirma la nota final del ensayo, incluida en varias reimpresiones posteriores: "Téngase, pues, lo leído como la primera parte de un estudio más amplio, que acaso ha de completarse en breve". Este anhelo no se concretó, quizá porque las relaciones con Darío se vieron enturbiadas al incluirse su escrito en la ed. de París, 1901, sin firma, como prólogo. Sobre la responsabilidad o no de Darío en esto se ha escrito mucho, pero sin mayores precisiones. Véase el epistolario entre ambos escritores en Rodó, 1967 (pp. 1364-1368).

Indudablemente, Rubén Darío no es el poeta de América. [62]

Yo soy un *modernista* también; yo pertenezco con toda mi alma a la gran reacción que da carácter y sentido a la evolución del pensamiento en las postrimerías de este siglo; a la reacción que, partiendo del naturalismo literario y del positivismo filosófico, los conduce, sin desvirtuarlos en lo que tienen de fecundos, a disolverse en concepciones más altas. [63]

Puede completarse este breve apartado sobre la crítica consignando un par de manifestaciones, éstas de ultramar (España), que analizan los textos incorporados a la edición de 1901, obra del que se ha denominado el "nuevo Darío". [64] Cuando éste está en España, en 1899, tiene escritos o escribe los poemas agregados un par de años después a *Prosas profanas*. *Revista nueva* publica los "Dezires, layes y canciones" que reciben la crítica al arcaísmo de Unamuno ("Sobre la dureza del idioma castellano", cit.) y la más directa censura de Salvador Rueda, quien defiende —al negar el mérito de estos poemas— el propio papel como adelantado en la renovación poética peninsular. Estos poemas "primitivistas" de Darío reciben el calificativo de "caprichos" y "juegos de fantasía de poca monta" (Rueda, 1899, 733). [65] Clarín, al mismo tiempo que se publica en *Revista nueva* y en *Trébol* el poema "La hoja

---

[62] Rodó, 1899, p. 170.

[63] *Id.*, p. 191. Sobre este ensayo se ha escrito mucho, pero se echa en falta un estudio comparativo profundo; v. Rodríguez Galán, 1956; Crema, 1966, y esp. Loveluck, 1967*b*. Un ensayo entusiasta, también uruguayo y que puede leerse frente al de Rodó, salió de la pluma de Pérez Petit, 1903.

[64] Sobre este particular, véase la temprana opinión de Maeztu, 1936 (cf. Zuleta, 1980), y la reafirmación en la crítica posterior de Gullón, 1969 (esp. "Rubén Darío, España y los españoles"); cf. Zuleta, 1977.

[65] Sobre las relaciones Darío-Rueda, v. Martínez Cachero, 1958, y Fuente, 1976. El artículo de Rueda es en respuesta elogiosa al de Unamuno "Sobre la dureza del idioma castellano", ya cit.

de oro", reanuda las hostilidades descalificando la obra
dariana y en especial su influencia:

> ... muy acreditado cantero pentélico, el sr. Rubén Darío,
> mozo listo, si los hay, y que escribe perfectamente cuando
> quiere,

le llama. Su análisis se completa con la habitual condena
de los imitadores, en este caso del rasgo estilístico ob-
servado en los versos 4 y 6 del poema:

> Bastaba una Teodora, como también bastaba una aurora.
> Estos plurales amotinados vuelven locos a los niños mo-
> dernistas, que imitándoselas a Darío ya se creen genios
> (Clarín, 1899, 60-61).

En 1900, con motivo de la publicación de "Cosas del
Cid" vuelve a la carga en la censura del afrancesamiento,
aprovechando la fuente francesa del poema:

> Por Dios, Rubén Darío; usted que es tan listo y tan ele-
> gante... a la española cuando quiere; déjese de esos "gali-
> cismos internos", que son los más peligrosos. ¿Para qué
> ese afán de ser extranjero? (Clarín, 1900, 222).

"Las ánforas de Epicuro", serie de la que forma parte
"La hoja de oro", es menos susceptible de mofa, y sólo
un ácido crítico de la "gente vieja", como Juan García
Goyena, pudo calificar a esos versos de "ininteligibles", de
"incoherencias lunáticas" y "dislocados sonetos", contra-
dictorios del "estilo diáfano y transparente de su necro-
logía de Castelar" (García Goyena, 1901, 644).

IGNACIO M. ZULETA

NOTICIA BIBLIOGRÁFICA

Rubén Darío, *Prosas Profanas y otros poemas* (Buenos Aires: Imprenta de Pablo E. Coni e Hijos, 680, Calle Perú, 680 [*sic*], 1896), XVI + 176 pp. (11,5 × 15,5). [Ejemplar de la Col. Arrieta, depositado en la Biblioteca de la Academia Argentina de Letras, Buenos Aires (Argentina).] Se cita: *BA, 1896*.

Edición de aproximadamente 500 ejemplares, solventada por Carlos Vega Belgrano, a quien está dedicado el libro, y que tardó cierto tiempo en distribuirse.

Rubén Darío, *Prosas Profanas y otros poemas* (París-México: Librería de la Vda. de C[harles] Bouret, 1901 ["Propiedad del editor"]), 160 pp. (Incluye: "Rubén Darío. Su personalidad literaria. Su última obra", sin firma [por José Enrique Rodó].) (11,5 × 17,5) [Ejemplar del autor de esta edición.] Se cita: *P, 1901*.

Esta edición se reimprimió por el mismo sello en 1908 y 1915, por el procedimiento de estereotipia. Reproduce en líneas generales las mismas características tipográficas de la ed. *BA, 1896* en la portada y el texto, agregando guardas encabezando cada poema y sin tantos blancos como en aquélla. A los treinta y tres poemas originales, se agregan veintiuno, lo que hace el total de cincuenta y cuatro poemas de la edición definitiva.

La obra se reimprime y reedita en muchos lugares y fechas (v. Jirón, 1981). Las ediciones críticas modernas más solventes son las de Mejía Sánchez, 1977 (con sólo una antología de la obra poética dispersa) y Méndez Plancarte y Oliver Belmas, 1968 (que se presenta como completa de la obra poética).

BIBLIOGRAFÍA SELECTA

I. OBRAS DE REFERENCIA SOBRE RUBÉN· DARÍO
    Y EL MODERNISMO

a) Sobre el *movimiento modernista,* pueden consultarse:

Robert Roland Anderson, *Spanish American Modernism: A
    Selected Bibliography* (Tucson: University of Arizona,
    1970).
Emilia de Zuleta (ed.), *Bibliografía anotada del modernismo*
    (Mendoza: Universidad Nacional de Cuyo, 1973).

Son útiles las referencias que aporta:
Ned J. Davison, *The Concept of Modernism in Hispanic
    Criticism* (Boulder: Pruett Press, 1966) [trad. esp. Joel
    Hancock (Buenos Aires: Nova, 1971).]

La mejor *colección documental* es:
Ricardo Gullón (ed.), *El modernismo visto por los modernis-
    tas* (Barcelona: Guadarrama, 1980).

Son de interés las *colecciones críticas:*
Homero Castillo (ed.), *Estudios críticos sobre el modernismo*
    (Madrid: Gredos, 1968), y
Lily Litvak (ed.), *El modernismo* (Madrid: Taurus, 1975).

b) Sobre *Rubén Darío:*

Arnold Armand del Greco, *Repertorio bibliográfico del mun-
    do de Rubén Darío* (New York: Las Américas, 1969).
José Jirón Terán, *Bibliografía general de Rubén Darío (Julio*

1883-Enero 1967) (Managua: Publicaciones del Centenario de Rubén Darío, 1967).

——, "Bibliografía activa de Rubén Darío (1883-1980)", *CBN,* 2 (1981), 1-40.

La mejor guía para la consulta de la bibliografía es:

Hensley C. Woodbridge, *Rubén Darío: A Selective Classified and Annotated Bibliography* (Metuchen: The Scarecrow Press, 1975); ed. esp. aumentada: León (Nicaragua): Ed. Universitaria UNAN, 1975; "Suplemento para los años 1974-1976", *CU,* 20 (1977), 35-66; "Suplemento para los años 1975-1978", *CBN,* 2 (1980), 70-96.

II. BIBLIOGRAFÍA GENERAL SOBRE RUBÉN DARÍO

Incluye aquellos títulos sobre el autor, su vida y su obra, que proporcionan instrumentos para el conocimiento y la interpretación de su poética, con especial referencia al período 1891-1901.

Elsie Alvarado de Ricord, *Rubén Darío y su obra poética* (Montevideo: Biblioteca Nacional, 1978).

Dictino Alvarez (ed.), *Cartas de Rubén Darío: Epistolario inédito del poeta con sus amigos españoles* (Madrid: Taurus, 1963).

Giovanni Allegra, "Lo esotérico y lo mágico en la literatura simbolista", *CILH,* I (1978), 206-217.

——, *Sull'influsso dell'occultismo in Spagna (1893-1912)* (Palermo: Vie della Tradizione, 1981).

——, "Rubén Darío tra la catedrale e le rovine", *Il regno interiore: Premesse e sembianti del Modernismo in Spagna* (Milano: Jaca Book, 1982), pp. 149-187.

Enrique Anderson Imbert, "Rubén Darío, poeta", en Mejía Sánchez, 1952, VII-LI [Reimp. en Loveluck, 1967*c*, 11-48.]

——, *La originalidad de Rubén Darío* (Buenos Aires: Centro Editor de América Latina, 1967).

Roberto Armijo, *Rubén Darío y su intuición del mundo* (San Salvador: Ed. Universitaria del Salvador, 1968).

Rafael Alberto Arrieta, *Introducción al modernismo literario* (Buenos Aires: Columba, 1950).

——, "El modernismo: 1893-1900", en R.A.A. (ed.), *Historia de la literatura argentina* (Buenos Aires: Peuser, 1959), III, pp. 439-483.

Rafael Alberto Arrieta, "Contribución al estudio del modernismo en la Argentina", *BAAL*, XXVI, 99 (1961), 7-48.

——, "Rubén Darío y la Argentina", *LT*, XV, 55-56 (1967), 373-394.

Pedro Luis Barcia (ed.), *Escritos dispersos de Rubén Darío recogidos de periódicos de Buenos Aires*, I, pról. J. C. Ghiano (La Plata: Universidad Nacional de La Plata, 1968). Cont. estudio preliminar: "Rubén Darío en la Argentina" (pp. 13-76).

——, *Escritos dispersos de Rubén Darío recogidos de periódicos de Buenos Aires*, II (La Plana: Universidad Nacional de La Plata, 1977).

Horacio Jorge Becco, "Rubén Darío visto por los argentinos", en Rubén Darío, *Azul... y Canto a la Argentina* (Buenos Aires: Edicom, 1971), pp. 143-157.

Efraín Bischoff, *Aquel rebelde Leopoldo Lugones: Sus primeros 22 años (1874-1896)* (Córdoba: Junta Provincial de Historia de Córdoba, 1981).

Arturo Capdevila, *Rubén Darío: Un bardo rei* (Buenos Aires: Espasa-Calpe, 1946).

Richard A. Cardwell, "Darío and *el arte puro*: The Enigma of Life and the Beguilement of Art", *BHS*, XLVII (1970), 37-51.

Emilio Carilla, *Una etapa decisiva en Darío: Rubén Darío en la Argentina* (Madrid: Gredos, 1967) [*a*].

——, "Darío y Jaimes Freyre", en Sánchez Reulet, 1967, pp. 48-63 [*b*].

——, "Las revistas de Rubén Darío", *Atenea*, CLXV, 415-416 (1967), 279-292 [*c*].

Boyd G. Carter, "Rubén Darío y la *Revista de América*", pról. a su ed. facsimilar de la misma (Managua: Publicaciones del Centenario de Rubén Darío, 1966-1967), pp. 9-42.

——, "Darío y *El Mercurio* de América", *Atenea*, CLXV, 415-416 (1967), 293-308.

Raúl H. Castagnino (ed.), *Sociedades literarias argentinas (1864-1900)* (La Plata: Universidad Nacional de La Plata, 1967).

Jaime Concha, "El tema del alma en Rubén Darío", *Atenea*, CLXV, 415-416 (1967), 39-62. [Reimp. Loveluck, 1967*c*, pp. 49-71.]

Edoardo Crema, "Rodó y Rubén Darío", *RNC*, XXVIII, 178 (1966), 72-70. [Reimp. Mejía Sánchez, 1968, pp. 343-353.]

Leopoldo Durán, *Montagne: Breves apuntes, notas y documentos para el estudio de su personalidad* (Buenos Aires: Imp. J. Hays Bell, 1948).

Keith Ellis, *Critical Approaches to Rubén Darío* (Toronto: University of Toronto Press, 1974).

Miguel Enguídanos, "Inner Tensions in the Work of Rubén Darío", trad. C. Wiseman, en González Gerth y Schade, 1970, pp. 13-29.

Angel de Estrada (h), "Rubén Darío", *Nosotros*, X, 82 (1916), 170-181.

Marie-Josèphe Faurie, *Le modernisme hispano-américaine et ses sources françaises* (París: Centre de Recherches de l'Institut d'Etudes Hispaniques, 1966).

Dolores Ackel Fiore, *Rubén Darío in Search of Inspiration: Greco-Roman Mythology in his Stories and Poetry* (New York: Las Américas, 1963).

Eugenio Florit, "The Modernist Prefigurement in the Early Work of Rubén Darío", en González Gerth y Schade, 1970, pp. 31-47.

Donald L. Fogelquist, *Españoles de América y americanos de España* (Madrid: Gredos, 1968).

Alberto M. Forcadas, "Más sobre el gongorismo de Rubén Darío", *PSA*, CXCVI (1972), 41-55.

——, "Trascendencia de las 'lecciones aprendidas' de los clásicos españoles, en el Rubén Darío post-*Azul*", *ETL*, II, 1 (1973), 17-26.

Lysandro Z. D. Galtier, *Carlos de Soussens y la bohemia porteña* (Buenos Aires: Eds. Culturales Argentinas, 1973).

Delfín L. Garassa, "Repercusión literaria del anarquismo", *Actas de las Terceras Jornadas de Investigación de la Historia y Literatura Rioplatense y de los Estados Unidos* (Mendoza: Universidad Nacional de Cuyo, 1968), pp. 169-179.

Edmundo García-Girón, "La adjetivación modernista en Rubén Darío", *NRFH*, XIII, 3-4 (1959), 345-351.

Luciano García Lorenzo, "Introducción al estudio de los sonetos de Rubén Darío", *RFE*, LI, 1-4 (1968), 209-228.

Martín García Mérou, *Recuerdos literarios* [1891], pról. L. E. Sagaseta (Buenos Aires: Eudeba, 1973).

Juan Carlos Ghiano (ed.), *Rubén Darío: Estudios reunidos en conmemoración del centenario (1867-1967)* (La Plata: Universidad Nacional de La Plata, 1968) [*a*].

Alberto Ghiraldo, *Humano ardor: Aventuras, luchas y amores de Salvador de la Fuente (Novela argentina)* (Madrid: Compañía Ibero-Americana de Publicaciones, 1930).

Alberto Ghiraldo, *El archivo de Rubén Darío* [1940], 2.ª ed. (Buenos Aires: Losada, 1943), [Ed. Pedro Henríquez Ureña.]

Jaime Giordano, *La edad del ensueño: Sobre la imaginación poética de Rubén Darío* (Santiago de Chile: Ed. Universitaria, 1971).

Roberto Giusti, "La cultura porteña a fines del siglo XIX. Vida y empresas del Ateneo", *Momentos y aspectos de la cultura argentina* (Buenos Aires: Raigal, 1954), pp. 52-89.

Manuel Pedro González e Iván Schulman, *Martí, Darío y el modernismo* (Madrid: Gredos, 1974).

Miguel González Gerth y George D. Schade (eds.), *Rubén Darío Centennial Studies* (Austin: The University of Texas, 1970).

Luis S. Granjel, *Biografía de "Revista Nueva" (1899)* (Salamanca: Acta Salmanticensia, 1962).

——, "Rubén Darío 'fin de siglo'", *CHisp*, 212-213 (1967), 265-278.

Roland Grass y William R. Risley, *Waiting for Pegasus: Studies on the Presence of Symbolism and Decadence in Hispanic Letters* (Macomb: Western Illinois University, 1979).

Paul Groussac, "Los raros, por Rubén Darío", *La Biblioteca*, II (1896), 474-480. [Reimp. en P. G., "Dos juicios de Groussac y una respuesta de Darío", *Nosotros*, X, 82 (1916), 150-167, y en Pagés Larraya, 1962.]

Carlos Guido y Spano, "A Rubén Darío a su llegada a Buenos Aires" [soneto], *Poesías completas*, pról. J. V. González (Buenos Aires: Maucci, 1911), p. 327.

Ricardo Gullón, *Direcciones del modernismo* (Madrid: Gredos, 1963).

——, *Pitagorismo y modernismo* (Santander: Gráf. de Gonzalo Bedía, 1967).

——, *La invención del 98 y otros ensayos* (Madrid: Gredos, 1969).

——, "Ideologías del modernismo", *Insula*, XXV, 291 (1971), 1 y 11.

Helene Westbrook Harrison, *An Analytical Index of the Complete Poetical Works of Rubén Darío* (Washington: Microcard Editions, 1970).

Max Henríquez Ureña, *Breve historia del modernismo*, 2.ª ed. (México: Fondo de Cultura Económica, 1962).

Alejandro Hurtado Chamorro, *La mitología griega en Rubén Darío* (Avila: Ed. La Muralla, 1967).

Roberto Ibáñez (ed.), *Páginas desconocidas de Rubén Darío* (Montevideo: Biblioteca de Marcha, 1970).

Theodore W. Jensen, "*Modernista* Pythagorean Literature: The Symbolist Inspiration", en Grass y Risley, 1979, pp. 169-179.

Cathy L. Jrade, "Tópicos románticos como contexto del modernismo", *CA*, CCXXXIII, 6 (1980), 114-122 [*a*].

Delia Kamia, "La Syringa", en Castagnino, 1967, pp. 203-226.

John W. Kronik, "Rubén Darío y la entrada del simbolismo en España", en E. K. Paucker (ed.), *Poemas y ensayos para un homenaje* (Madrid: Tecnos, 1976), pp. 95-106.

María Hortensia Lacau y Mabel Manacorda de Rossetti, "Antecedentes del modernismo en la Argentina", *Cursos y conferencias*, XXXI (1947), 163-192.

David Lagmanovich, "Paul Groussac, ensayista del 80", *RIB*, XXXII, 1 (1982), 28-46.

Ruth S. Lamb, "Rubén Darío, intérprete de dos mundos", *Actas del III Congreso Internacional de Hispanistas* [1968] (México: El Colegio de México, 1970), pp. 507-518.

Roberto Ledesma, *Genio y figura de Rubén Darío* (Buenos Aires: Eudeba, 1964).

H. Ernest Lewald, "El ciclo de la Bolsa en el contexto cultural y literario argentino", *LBA*, VI (1982), 73-80.

Raimundo Lida, "Notas al casticismo de Rubén", *RIb*, XXXIII, 64 (1967), 333-358.

Lily Litvak, "La idea de la decadencia en la crítica antimodernista en España (1888-1910)", *HR*, XLV, 4 (1977), 397-412.

——, *Erotismo fin de siglo* (Barcelona: Antoni Bosch, 1979).

Francisco López Estrada, "El modernismo: Una propuesta polémica sobre los límites y aplicación de este concepto en una historia de la literatura española", *Actas del Congreso de la Asociación Europea de Profesores de Español* [1978] (Budapest: Akadémiai Kiadó, 1980), pp. 1-21.

Carlos Alberto Loprete, *La literatura modernista en la Argentina* (Buenos Aires: Ed. Poseidón, 1955). [Hay reimp. Ed. Plus-Ultra de Bs. As.]

Erika Lorenz, *Rubén Darío "Bajo el divino imperio de la música": Estudio sobre la significación de un principio estético,* trad. F. Coloma (Managua: Ed. Lengua, 1960).

Juan Loveluck, "Rubén Darío y el modernismo en *La Biblioteca*", *LT*, XV, 55-56 (1967), 229-251 [*a*].

——, "Rubén Darío y sus primeros críticos (1888-1900)", *RIb*, XXXIIII, 64 (1967), 209-235 [*b*].

—— (ed.), *Diez estudios sobre Rubén Darío* (Santiago de Chile: Zig-Zag, 1967) [*c*].

Carlos Lozano, "Parodia y sátira en el modernismo", *CA*, CXLI, 4 (1965), 180-200.

——, "Rubén Darío y los intelectuales franceses", en Sánchez Reulet, 1967, pp. 64-71.

——, *Rubén Darío y el modernismo en España (1888-1920): Ensayo de bibliografía comentada* (New York: Las Américas, 1968).

——, *La influencia de Rubén Darío en España* (León, Nicaragua: Universidad Nacional Autónoma de Nicaragua, 1978).

Ernesto J. A. Maeder, *Indice general de "La Biblioteca" (1896-1898)* (Resistencia: Universidad Nacional del Nordeste, 1962).

F. Maldonado de Guevara, "La función del alejandrino francés en el alejandrino español de Rubén Darío", *RL*, IV (1953), 9-58.

Erwin K. Mapes, *La influencia francesa en la obra de Rubén Darío* [1925], trad. y pról. F. Coloma (Managua: Publicaciones del Centenario de Rubén Darío, 1966).

——, *Escritos inéditos de Rubén Darío, recogidos de periódicos de Buenos Aires* (New York: Instituto de Las Españas, 1938).

Arturo Marasso, "La versificación de Rubén Darío", *Nosotros*, X, 82 (1916), 182-188.

——, *Rubén Darío y su creación poética* [1934] (Buenos Aires: Kapelusz, 1973).

Carlos Martín, *América en Rubén Darío: Aproximación al concepto de la literatura hispanoamericana* (Madrid: Gredos, 1972).

Carlos Martínez Rivas, "Watteau y su siglo en Rubén Darío", *CHisp*, 212-213 (1967), 445-452.

Ernesto Mejía Sánchez (ed.), *Rubén Darío: Poesías,* pról. E. Anderson Imbert (México: Fondo de Cultura Económica, 1952). 2.ª ed. aum., pról. C. Rama (Caracas: Biblioteca Ayacucho, 1977).

——, "Las humanidades de Rubén Darío" [1956], en Mejía Sánchez, 1970, pp. 137-169.

—— (ed.), *Estudios sobre Rubén Darío* (México: Fondo de Cultura Económica, 1968).

——, "Pedro Henríquez Ureña, crítico de Rubén Darío", en Mejía Sánchez, 1970, pp. 35-59.

——, *Cuestiones rubendarianas* (Madrid: Revista de Occidente, 1970).

Alfonso Méndez Plancarte y Antonio Oliver Belmás (eds.), *Rubén Darío: Poesías completas* [1952], 11.ª ed. (Madrid: Aguilar, 1968).

Phillip Metzidakis, "Unamuno frente a la poesía de Rubén Darío", *RIb*, XXV, 50 (1960), 229-249.

Sylvia Molloy, *La diffusion de la littérature hispano-américaine en France au XXe. siècle* (París: Presses Universitaires de France, 1972).

——, "Conciencia del público y conciencia del yo en el primer Darío", *RIb*, XLV, 108-109 (1979), 443-457.

Pierina Lidia Moreau, *Leopoldo Lugones y el Simbolismo* (Buenos Aires: Eds. La Reja, 1972).

Jorge Olivares, "La recepción del decadentismo en Hispanoamérica", *HR*, XLVIII, I (1980), 57-76.

Antonio Oliver Belmás, *Este otro Rubén Darío*, 2.ª ed., pról. F. Maldonado de Guevara (Madrid: Aguilar, 1968).

Otto Olivera, "*El Correo de la Tarde* (1890-1891), de Rubén Darío", *RIb*, XXXIII, 64 (1967), 259-280.

Antonio Pagés Larraya, *El poeta Antonino Lamberti: Contribución al estudio del ambiente literario de su época* (Buenos Aires: Universidad Nacional de Buenos Aires, 1943).

——, "Dos artículos de Paul Groussac sobre Darío", *AL*, II (1962), 233-244.

Octavio Paz, "El caracol y la sirena", *Cuadrivio* (México: J. Mortiz, 1965), pp. 9-65.

Helmuth Petriconi, "Góngora y Rubén Darío" [1927], trad. J. Reuter, en Mejía Sánchez, 1968, pp. 309-319.

Allen W. Phillips, "Rubén Darío y sus juicios sobre el modernismo", *RIb*, XXIV, 47 (1959), 41-64. [Reimp. Loveluck, 1967, pp. 275-299.]

——, "Rubén Darío y España: La primera época", en A. Alazraki, R. Grass y R. Salmon (eds.), *Homenaje a Andrés Iduarte* (Clear Creek: The American Hispanist, 1976), pp. 271-284.

——, "A propósito del decadentismo en América: Rubén Darío", *RCEH*, I (1977), 229-254.

Francisco E. Porrata y Jorge A. Santana (eds.), *Antología comentada del modernismo,* pról. A. Sánchez Romeralo (Sacramento: *Explicación de Textos Literarios,* vol. VIII, Anejo I, 1974).

Julieta H. Quebleen, "Las ideas estéticas en Rubén Darío", *Universidad,* 61 (1964), 229-244.

Andrés R. Quintián, *Cultura y literatura españolas en Rubén Darío* (Madrid: Gredos, 1974).

Angel Rama, *Rubén Darío y el modernismo: Circunstancia socio-económica de un arte americano* (Caracas: Eds. de la Biblioteca Central de la Universidad Central de Venezuela, 1970).

Jorge B. Ribera, *Los bohemios* (Buenos Aires: Centro Editor de América Latina, 1971).

Giuseppe Carlo Rossi, "L'Eugenio de Castro di Rubén Darío", *AIUO,* XXIII, 2 (1981), 683-690.

Enrique Rull, "El símbolo de Psique en la poesía de Rubén Darío", *RL,* XXVII, 53-54 (1965), 33-50.

Julio Saavedra Molina, *Los hexámetros castellanos y en particular los de Rubén Darío* (Santiago de Chile: Prensas de la Universidad de Chile, 1935).

——, "Una antología poética de Rubén Darío planeada por él mismo", *AUCh,* CII, 53-54 (1944), 31-38.

Luis Sáinz de Medrano, "Un episodio de la *Autobiografía* de Rubén Darío: La conmemoración del IV Centenario del descubrimiento de América", *ALH,* IV (1975), 395-401.

Pedro Salinas, *La poesía de Rubén Darío: Ensayo sobre el tema y los temas del poeta* (Buenos Aires: Losada, 1948). [Hay reimp. Ed. Seix Barral, de Barcelona.]

Eduardo de Salterain y Herrera, "Acerca del modernismo: Rubén Darío y Salvador Rueda", *RN,* IV, 199 (1959), 36-53.

Liliana Samurovic-Pavlovic, *Les lettres hispano-américaines au "Mercure de France": 1897-1915* (París: Institut d'Etudes Hispaniques, 1969).

Juan Francisco Sánchez, "De la métrica de Rubén Darío" [1954], Mejía Sánchez, 1968, pp. 458-482.

Aníbal Sánchez Reulet (ed.), *Homenaje a Rubén Darío (1867-1967): Memoria del XIII Congreso Internacional de Literatura Iberoamericana (Primera Reunión)* (Los Angeles: Centro Latinoamericano-Universidad de Los Angeles, 1967).

Antonio Seluja Cecín, *El modernismo literario en el Río de la Plata* (Montevideo: Imp. Sales, 1965).

Ricardo Senabre, "El gongorismo de Rubén Darío", *PSA*, XLVI (1967), 273-284.

Donald L. Shaw, "*Modernismo:* A Contribution to the Debate", *BHS*, XLIV, 3 (1967), 195-202.

——, "*Modernismo,* Idealism and the Intellectual Crisis in Spain, 1895-1910", *RMS*, XXV (1981), 24-39.

Gustav Siebenmann, "Sobre la musicalidad de la palabra poética: Disquisiciones aplicadas a algunos poemas de Rubén Darío", *RJ,* XX (1969), 304-321.

——, "Rectificación", *RJ,* XXI (1970), 539.

Raúl Silva Castro, *Rubén Darío y su creación poética* (Santiago de Chile: Prensas de la Universidad de Chile, 1935).

——, *Rubén Darío a los veinte años,* 2.ª ed. (Santiago de Chile: Ed. Andrés Bello, 1966).

Raymond Skyrme, *Rubén Darío and the Pythagorean Tradition* (Gainesville: The University Presses of Florida, 1975). [Trad. del Cap. I: R. S., "Significado y función de la música en Rubén Darío", trad. F. Coloma, *Encuentro,* 5 (1974), 23-33.]

Alfonso Solá González, "La primera poesía anarquista argentina: Alberto Ghiraldo", *Actas de las Terceras Jornadas de Investigación de la Historia y Literatura Rioplatense y de los Estados Unidos* (Mendoza: Universidad Nacional de Cuyo, 1968), pp. 303-310.

Reyna Suárez Wilson. "El 'Ateneo'", en Castagnino, 1967, pp. 125-202.

Guillermo Sucre, "Relectura de Darío", *ROcc,* II, VI, 61 (1968), 46-68.

Alejandro Sux, *La juventud intelectual de la América Hispánica,* pról. Rubén Darío (Barcelona: Presa Hnos., 1910).

Edelberto Torres, *La dramática vida de Rubén Darío,* 5.ª ed. (San José de Costa Rica: Ed. Universitaria Centroamericana, 1980).

Jaime Torres Bodet, *Rubén Darío: Abismo y cima* (México: Fondo de Cultura Económica, 1966).

Manuel Ugarte, *La dramática intimidad de una generación* (Madrid: Prensa Española, 1951).

Juan José Urquiza, "Rubén Darío", *Testimonios de la vida teatral argentina,* pról. A. de la Guardia (Buenos Aires: Eds. Culturales Argentinas, 1973), pp. 28-50.

Charles D. Watland, *La formación literaria de Rubén Darío* [1953], trad. F. Coloma (Managua: Publicaciones del Centenario de Rubén Darío, 1966).

Charles D. Watland, *Poet-Errant: A Biography of Rubén Darío* (New York: Philosophical Library, 1965).

Julio Ycaza Tigerino, "Raíz nicaragüense de la poesía de Rubén", *La poesía y los poetas de Nicaragua* (Managua: Academia Nacional de la Lengua, 1958), pp. 41-52.

Julio Ycaza Tigerino y Eduardo Zepeda Henríquez, *Estudio de la poética de Rubén Darío* (Managua: Comisión Nacional del Centenario, 1967).

Concha Zardoya, "Rubén Darío y la fuente", *Asomante*, XXIII, 1 (1967), 24-37.

Ignacio M. Zuleta, "Aspectos metodológicos del estudio del modernismo", *RABM*, LXXX, 2 (1977), 321-334 [*a*].

——, *La crítica española ante el modernismo hispanoamericano (1898-1907)* (Tesis doctoral inédita Universidad Complutense de Madrid) (Madrid: 1978).

——, "El modernismo hispanoamericano en España (1898-1907)", *RUL*, I, 2 (1979), 28-40.

——, "El fin de siglo en las letras hispánicas: Aportes y perspectivas", *BLC*, IV-V (1979-1980), 1-26.

III. BIBLIOGRAFÍA ESPECIAL SOBRE "PROSAS PROFANAS
    Y OTROS POEMAS"

Incluye una selección de los títulos que tratan sobre el libro, sus aspectos y los textos que lo forman.

Enrique Anderson Imbert, "'Yo persigo una forma...'", en Porrata y Santana, 1974, pp. 289-294.

Anna Wayne Ashhurst, "Clarín y Darío: Una guerrilla literaria del modernismo", *CHisp*, 260 (1972), 324-330.

Robert Avrett, "Music and Melodic Effects in 'Sinfonía en gris mayor'", *RN*, 1 (1959), 30-32. [Trad.: "Música y efectos melódicos en 'Sinfonía en gris mayor'", *SARD*, 3 (1960), 33-37.]

José Agustín Balseiro, "Presencia de Wagner y casi ausencia de Debussy en la obra de Rubén Darío", *LT*, XV, 55-56 (1967), 107-119.

Tito Balza Santaella, "El impresionismo cromático en *Prosas profanas*", *RUZ*, XXXVII (1967), 147-157.

Rubén Benítez, "La expresión de la frivolidad en 'Era un aire suave...'", en Sánchez Reulet, 1970, pp. 90-105.

Roberto Brenes Mesén, "Tres encuentros con Rubén Darío", *RA*, XXXIV, 2 (1955), 25-26.

Matías Calandrelli, "*Prosas profanas y otros poemas*, de Rubén Darío", *RDHL*, I, 1 (1898), 514-529 [*a*].

——, "Manera de poetizar de Rubén Darío", *RDHL*, I, 2 (1898), 54-69 [*b*].

José Luis Cano, "Rubén Darío y don Juan Valera", *Humanidades* (Venezuela), II, 6 (1960), 153-158.

Alberto J. Carlos, "La cruz en el 'Responso a Verlaine'", *Hispania*, XLVIII, 2 (1965), 226-229.

——, "'Divagación': La geografía erótica de Rubén Darío", *RIb*, XXXII, 64 (1967), 293-313.

Concepción Caso Muñoz, "*Coloquio de los centauros*" *de Rubén Darío: Estudio y comentario* (México: UNAM, 1965).

Edmund de Chasca, "'El reino interior' de Rubén Darío y 'Crimen amoris' de Verlaine", *RIb*, XXI (1956), 309-317. [Versión aumentada en Porrata y Santana, 1974, pp. 280-288.]

Clarín [Leopoldo Alas], "Vivos y muertos. Salvador Rueda. Fragmentos de una semblanza, I", *MC*, 556 (23-XII-1893), 3 y 6; Id., II, *MC*, 557 (30-XII-1893), 3. [Reimp. en *Obra olvidada: Artículos de crítica*, ed. A. Ramos Gascón (Madrid: Júcar, 1973), pp. 102-111.]

——, "Palique", *MC* (25-XI-1899), 60-61.

——, "Cosas del Cid", *MC* (14-IV-1900), 222.

Pedro Emilio Coll, "Lettres Latino-Américaines", *MF*, XXV (1898), 969-973.

José María de Cossío, "El modelo estrófico de los 'Dezires, layes y canciones' de Rubén Darío", *RFE*, XIX (1932), 283-287.

A. Cussen, "Lectura de *Prosas profanas*", *RHM*, XXXIX, 1-2 (1976-1977), 26-35.

Ann B. Darroch, "Rubén Darío's 'Sinfonía en gris mayor': A New Interpretation", *Hispania*, LIII, 1 (1970), 46-52.

Harry J. Dennis, "'El cisne'", Porrata y Santana, 1974, pp. 270-273.

Ana María Diaconescu, "¿Parnasiana o simbolista?: Estudio comparativo de la 'Sinfonía en gris mayor'", *ALH*, II-III (1973-1974), 791-810.

Walter A. Dobrian, "'Sinfonía en gris mayor'", Porrata y Santana, 1974, pp. 273-277.

Eduardo H. Duffau, "Dónde se publicaron primeramente las piezas que constituyeron *Prosas profanas y otros poemas* (1896)", *BAAL,* XXIII, 88 (1958), 265-287.

René L. F. Durand, "El motivo del centauro y la universalidad de Rubén Rarío", *LT,* XV, 55-56 (1967), 71-97.

John P. Dyson, "Tragedia dariana: La princesa de la eterna espera", *Atenea,* CLXV, 415-416 (1967), 309-319.

Arturo Echevarría, "Estructura y sentido pictórico del 'Coloquio de los centauros'", *LT,* LXV (1969), 95-130.

Fred Ellison, "Rubén Darío y Portugal", *Hispanófila,* IV (1958), 23-33.

Miguel Enguídanos, "'Sonatina' oída de lejos", *Insula,* 248-249 (1967), 13.

John W. Fein, "Eugenio de Castro and the Introduction of the *Modernismo* in Spain", *PMLA,* LXXIII, 5 (1958), 556-561.

——, "Una fuente portuguesa de 'El reino interior'", *RIb,* XXXIII, 64 (1967), 359-365.

María del Rosario Fernández Alonso, "Un soneto de Rubén Darío", *Temas* (Uruguay), XII (1967), 13-18.

Rafael Ferreres, "La mujer y la melancolía de los modernistas", *Los límites del modernismo y del 98* (Madrid: Taurus, 1964), pp. 57-72.

Joseph A. Feustle, "'Mía'" Porrata y Santana, 1974, pp. 266-270.

——, "El secreto de la satiresa en la poesía de Rubén Darío", *Actas del VI Congreso Internacional de Hispanistas* [1977] (Toronto: Toronto University Press, 1980), pp. 239-241.

——, *Poesía y mística: Rubén Darío, Juan Ramón Jiménez y Octavio Paz* (Xalapa: Instituto de Investigaciones Humanísticas de la Universidad Veracruzana, 1978).

L. A. Fiber, "Rubén Darío's Debt to Paul Verlaine in 'El reino interior'", *RN,* XIV (1972-1973), 92-95.

Alberto Forcadas, "El romancero español, Lope de Vega, Góngora y Quevedo y sus posibles resonancias en 'Sonatina' de Rubén Darío", *QuIb,* XLI (1972), 1-6.

——, "El romancero español y el posible influjo de algunos clásicos castellanos en 'Sonatina' de Rubén Darío", *REH,* VIII, 1 (1974), 3-21.

——, "Notas sobre la Galatea gongorina y la marquesa verlainiana en Rubén Darío", *LT,* XXIV, 91-92 (1976 [ed. 1979]), 125-144.

Bienvenido de la Fuente, *El modernismo en la poesía de Salvador Rueda* (Frankfurt-Bern: Lang, 1976).

Juan García Goyena, "La muerte del modernismo", *RC,* CXXI (30-III-1901), 644.

David Gershator, "Rubén Darío's Reflections on Manhattan: Two Poems", *RN,* XI (1969-1970), 36-40.

Juan Carlos Ghiano, *Análisis de "Prosas profanas"* (Buenos Aires: Centro Editor de América Latina, 1968) [*b*].

Nigel Glendinning, "En torno a 'Sonatina'", *CS,* 11 (1972), 165-174.

Paul Groussac, "*Prosas profanas,* por Rubén Darío", *La Biblioteca,* III (1897), 156-160.

Ricardo Gullón, "Del Darío sonoro al Darío interior", Porrata y Santana, 1974, pp. 326-337.

Beatriz M. Guzmán, "Notas de color en *Prosas profanas*" en Ghiano, 1968*a*, pp. 217-241.

Helmuth A. Hatzfeld, "'Sonatina'", Porrata y Santana, 1974, pp. 255-263.

Pedro Henríquez Ureña, *La poesía castellana de versos fructuantes* [1916-1946], en Henríquez Ureña, 1961.

——, *El endecasílabo castellano* [1919], en Henríquez Ureña, 1961.

——, "Rubén Darío y el siglo xv", *RH,* L, 118 (1920), 324-327. [Reimp. en Henríquez Ureña, 1961, pp. 369-371.]

——, "El modelo estrófico de los 'Dezires, layes y canciones' de Rubén Darío", *RFE,* XIX (1932), 421-422.

——, *Estudios de versificación española* (Buenos Aires: Universidad Nacional de Buenos Aires, 1961).

Leo Hickey, "Elementos sensuales en un poema de Rubén Darío", *ETL,* VII, 1 (1978), 13-21.

Hans Hinterhauser, "Centauros" [1969], *Fin de siglo: Figuras y mitos,* trad. M. T. Martínez (Madrid: Taurus, 1980), pp. 149-174.

Alejandro Hurtado Chamorro, "El poema 'Heraldos' de Darío", *RCPC,* XXIII, 113 (1970), 46-60.

Fernando Ibarra, "Clarín y Rubén Darío: Historia de una incomprensión", *HR,* XLI, 3 (1973), 524-540.

Cathy L. Jrade, "Las creencias ocultistas y el sincretismo filosófico de Rubén Darío", *TC,* V, 12 (1979), 225-233.

——, "Rubén Darío and the Oneness of the Universe", *Hispania,* LXIII, 4 (1980), 691-698 [*b*].

Enrique Francisco Lonné, "Aspectos de la versificación de *Prosas profanas*", en Ghiano, 1968*a*, pp. 242-290.

Francisco López Estrada, *Rubén Darío y la Edad Media: Una perspectiva poco conocida sobre la vida y obra del autor* (Barcelona: Planeta, 1971).

——, *Los primitivos de Manuel y Antonio Machado* (Madrid: Cupsa Ed., 1977).

——, "Más sobre el prerrafaelismo y Rubén Darío: El artículo dedicado a la pintora inglesa De Morgan", *RUC* (1980), 191-203.

Erika Lorenz, "Rubén Darío, el gran sinfónico del verbo: Interpretación del poema 'Sinfonía en gris mayor'", en Mejía Sánchez, 1969, pp. 522-535.

Rafael Lozano, "Rubén Darío, Barbey d'Aurevilly y el Cid Campeador", *RNC*, XXXIV, 221 (1975), 217-227.

Raúl Alberto Luisetto, "El ensayo de Rodó sobre *Prosas profanas*", en Ghiano, 1968*a*, pp. 358-372.

M. D. E., "Dos libros de Darío aparecidos en 1896", *LN*, 16-XII-1956.

Ramiro de Maeztu, "Valle-Inclán", *ABC*, 8-VII-1936, en *Autobiografía* (Madrid: Rialp, 1962).

María Teresa Maiorana, "Etude comparative: 'Le centaure' de Maurice de Guérin et 'Le colloque des centaures' de Rubén Darío", *AG*, 23 (1956), 54-61.

——, *Rubén Darío et le mythe du centaure* [1957], pról. A. Manchoux y E. Decahors (Toulouse: L'Amitié Guérinienne, 1957). [Trad.: Buenos Aires: L'Amitié Guérinienne, 1961.]

——, "Rubén Darío et le mythe du centaure", *AG*, 25 (1958), 4-30; 89-120 [*a*].

——, "'El coloquio de los centauros' de Rubén Darío", *BAAL*, XXIII, 88 (1958), 185-263 [*b*].

Arturo Marasso, "El coloquio de los centauros", *Humanidades*, XV (1927), 109-131. [Versión aumentada en Marasso, 1934, pp. 68-104.]

——, "Nuevos aspectos de Rubén Darío", *LN*, 22-II-1951.

——, "Aspectos nuevos de Rubén Darío", *LN*, 10-III-1968.

José María Martínez Cachero, "Salvador Rueda y el modernismo", *BBMP*, XXXV, 1 (1958), 41-61.

Ernesto Mejía Sánchez, "Hércules y Onfalia, motivo modernista" [1955], en Litvak, 1975, pp. 185-199.

Emanuel J. Mickel, Jr., "Darío and Krysinska's *Symphonie en gris*: The Gautier-Verlaine Legacy", *LALR*, VIII, 15 (1979), 12-25.

Luis Monguió, "En torno a 'El reino interior', de Rubén Darío", *RHM*, XXXIV, 3-4 (1968), 721-728.

José María Monner Sans, "Unos discutidos tercetos de Rubén Darío", *LP*, 4-VI-1948.

Hugo Montes, "Rubén Darío o la fuerza poética", en *Ensayos estilísticos* (Madrid: Gredos, 1975), pp. 67-78.

Rafael Obligado, "Discurso de presentación de Rubén Darío como conferenciante en el Ateneo" [1896], *Prosas*, ed. P. L. Barcia (Buenos Aires: Academia Argentina de Letras, 1976), pp. 329-330.

Emilio Oribe, "Rubén Darío y el 'Coloquio de los centauros'", *BANL*, I, 1 (1969), 23-29.

Víctor Pérez Petit, "Rubén Darío", *Los modernistas*, 2.ª ed. (Montevideo: Dornaleche y Reyes, 1903, pp. 252-282.

Allen W. Phillips, "Sobre 'Sinfonía en gris mayor', de Rubén Darío", *CA*, XIX, 113 (1960), 215-224.

——, "Releyendo *Prosas profanas*", *Insula*, 248-249 (1967), 11-12. [Reimp. en *Temas del modernismo hispánico* (Madrid: Gredos, 1974.]

Andrés R. Quintián, "Los 'Dezires, layes y canciones' y dos estudios literarios de Darío", Cap. V de Quintian, 1974, pp. 135-153.

Humberto Mario Rasi, "'Las ánforas de Epicuro': frontera entre dos Daríos", *ALH*, V (1976), 485-491.

José Enrique Rodó, *Rubén Darío: Su personalidad literaria. Su última obra (La Vida Nueva, II)* (Montevideo: Dornaleche y Reyes, 1899). [Reimp. en *Obras completas*, ed. E. Rodríguez Monegal, 2.ª ed. (Madrid: Aguilar, 1967), pp. 169-192.]

Mercedes Rodríguez Galán, "La crítica creadora: El ensayo de Rodó sobre Rubén Darío", *Primeras Jornadas de Lengua y Literatura Hispanoamericana: Comunicaciones y Ponencias* (Salamanca: Acta Salmanticensia, 1956), pp. 369-376.

Carlos Romagosa, "El simbolismo: Discurso leído en el Ateneo de Córdoba, en la velada literario-musical celebrada en honor de Rubén Darío, el 15 de octubre de 1896", *Vibraciones fugaces* (Córdoba: Est. Gráf. La Italia, 1903), pp. 35-52.

Waldo Ross, "Las visiones metafísicas en la poesía de Rubén Darío", *NRP*, 15-16 (1980), 48-56.

Salvador Rueda, "Dos palabras sobre la técnica literaria", *RN*, I, 16 (15-VII-1899), 729-734.

Juan Ruiz de Galarreta, "'Las ánforas de Epicuro': Ornamento y fundamento musical en Rubén Darío", *CHisp,* XCIII, 277-278 (1973), 81-98.

María A. Salgado, "El alma de la 'Sonatina'", *ALH,* IV (1975), 405-411. [También en *Chasqui,* V, 2 (1976), 33-39.]

Francisco Sánchez Castañer, "Huellas épicas en la poesía de Rubén Darío" [1970], en Sánchez Castañer, 1976, pp. 49-74.

——, "Andalucía en los versos de Rubén Darío" [1973-1974], en Sánchez Castañer, 1976, pp. 183-227. [También en Sánchez Castañer, 1981, pp. 9-55.]

——, "Los prólogos de Rubén Darío a sus libros poéticos" [1975], en Sánchez Castañer, 1976, pp. 13-24.

——, *Estudios sobre Rubén Darío* (Madrid: Cátedra Rubén Darío - Universidad Complutense de Madrid, 1976).

——, *La Andalucía de Rubén Darío* (Madrid: Cátedra Rubén Darío - Universidad Complutense de Madrid, 1981).

Raymond Skyrme, "El carácter pictórico del 'Palimpsesto' de Darío", *ETL,* V, 2 (1976), 215-219.

Reyna Suárez Wilson, "Los prólogos de Darío", en Ghiano, 1968*a,* pp. 138-167.

Sidonia Taupin, "Posibles fuentes o simples coincidencias: La 'Margarita' de Darío", *RHM,* XXIX, 2 (1963), 158-160.

Alan S. Trueblood, "La cigarra de 'Sinfonía en gris mayor'", en Sánchez Reulet, 1967, pp. 75-81.

——, "El 'Responso a Verlaine' y la elegía pastoril tradicional", *Actas del Tercer Congreso Internacional de Hispanistas* [1968] (México: El Colegio de México, 1970), pp. 861-870.

Alberto J. Vaccaro, "Muy antiguo y muy moderno: Los clásicos en *Prosas profanas*", en Ghiano, 1968*a,* pp. 212-216.

Angel Valbuena Briones, "Una consideración estilística a propósito de un texto de Rubén Darío", en Sánchez Reulet, 1967, pp. 106-113.

Juan Valera, *"Azul..."* [22 y 29-X-1888], *Cartas americanas: Primera serie* (Madrid: Fuentes y Capdeville, 1889), pp. 214-236.

——, "Sobre *Los raros*" [20-XII-1896], *Nuevas cartas americanas, en Obras completas,* pról. L. Araujo Costa, 3.ª ed. (Madrid: Aguilar, 1958), III, pp. 480-483.

——, "La poesía lírica y épica en la España del siglo XIX", *Obras completas,* v. III.

——, "Sobre *Prosas profanas y otros poemas* (1896, Buenos

Aires)" [20-VI-1897], *Nuevas cartas americanas,* pp. 516-518.

[20-VI-1897], *Nuevas cartas americanas,* 516-518.

Ruth Wold, "'Margarita'", Porrata y Santana, 1974, pp. 264-266.

Alonso Zamora Vicente, "'Divagación': Aclaración sobre el modernismo", *El comentario de textos,* I (Madrid: Castalia, 1973), pp. 167-193.

——, "Un manuscrito de Rubén Darío", *Homenaje a la memoria de Antonio Rodríguez Moñino (1910-1970)* (Madrid: Castalia, 1975), 637-649.

Carlos A. Zamuria, "Monotonía y melancolía en 'Sinfonía en gris mayor' de Rubén Darío", *Encuentro,* 12 (1977), 82-84.

Iris M. Zavala, "Sobre la elaboración de 'Cosas del Cid' de Rubén Darío", *HR,* XLVII, 2 (1979), 125-147.

Ignacio M. Zuleta, "'Las ánforas de Epicuro' y la difusión del modernismo", *Simposio sobre Villaespesa y el Modernismo: Comunicaciones* (Almería: Comisión del Centenario del Poeta Villaespesa, 1977), pp. 49-57 [*b*].

——, "El modernismo hispanoamericano y Ramiro de Maeztu", *CILH,* II (1980), 325-335.

IV. Otra bibliografía citada

José María Aguirre, "The Window as Symbol in Spanish *Modernista* Poetry: Outline of a Model", en Grass y Risley, 1979, pp. 103-124.

Joaquín Alcaide de Zafra, *Trébol (Poesías),* atrios de Rubén Darío, Eusebio Blasco y Salvador Rueda (Madrid: Col. Iris, 1899).

Guillermo Ara, *Leopoldo Lugones: La etapa modernista* (Buenos Aires: s.e., 1955).

Rafael Alberto Arrieta, "Leopoldo Díaz, o el bajel de catorce remos", *Lejano ayer,* pról. C. Nalé Roxlo (Buenos Aires: Eds. Culturales Argentinas, 1966), pp. 131-137.

Asmodeo [Manuel Láinez], "Impresiones teatrales: La divina comedia musical (Lohengrin)", *Buenos Aires,* II, 62 (14-VI-1896), reimp. en Ibáñez, 1970, pp. 105-108.

Juan Bautista Avalle-Arce, "Tirso y el romance de Angélica y Medoro", *NRFH,* II, 3 (1948), 275-281.

León Benarós, "Mariano de Vedia: Un retrato en verso", *TH,* IV, 41 (1970), 31.

Henri Bordillon y otros, "Dossier Remy de Gourmont", *QuLit*, 374 (1982), 10-13.

Eugenio de Castro, "L'Hermaphrodite", *MF*, XIII (1895), 42-46.

Richard Gilman, *Decadence: The Strange Life of an Epithet* (New York: Farrar, Strauss & Giroux, 1979).

Roberto F. Giusti, "Leopoldo Díaz, precursor", *BAAL*, XVI, 62 (1947), 667-673.

Víctor Jaimes Freyre, "Una carta de Ricardo Jaimes Freyre a Rubén Darío", *LN*, 5-V-1963.

José Jirón Terán, "Diez cartas desconocidas de Rubén Darío", *CBN*, 2 (1981), 41-57.

José María Martínez Cachero, "Ramón Pérez de Ayala y el modernismo", *Simposio Internacional Ramón Pérez de Ayala (University of New México)* (Gijón: Imp. Flores, 1981), pp. 27-38.

Alvaro Melián Lafinur, "Un romance inédito de Rubén Darío", *LN*, 31-VIII-1958.

Calixto Oyuela, "Discurso de inauguración del Ateneo" [26-IV-1893], en Oyuela, 1943, II, pp. 293-302.

——, "La raza en el arte" [15-VIII-1894], en Oyuela, 1943, II, 199-222.

——, "Sobre *Belkiss*" [XII-1897], en Oyuela, 1943, II, pp. 347-352.

——, *Estudios literarios,* pról. A. Melián Lafinur (Buenos Aires: Academia Argentina de Letras, 1943), 2 v.

Osvaldo Pelletieri y Aurelio Palacios, "Realidad y literatura del Noventa", *TH*, XI, 125 (1977), 47-57.

Ramón Pérez de Ayala, *50 años de cartas íntimas (1904-1956) a su amigo Miguel Rodríguez-Acosta,* ed. Andrés Amorós (Madrid: Castalia-Caja de Ahorros de Asturias, 1980).

Alfonso Pérez Gómez de Nieva (ed.), *Cancionero inédito del siglo XV* (Madrid: Tip. A. Alonso, 1884).

Jacques Plowert [Paul Adam y Felix Fénéon], *Petit glossaire pour servir a l'intelligence des auteurs décadents et symbolistes* (París: Vanier Bibliopole, 1888).

Jorge Max Robde, "Angel de Estrada en el recuerdo", *BAAL*, XXXVIII, 149-150 (1973), 329-333.

Angel Rosemblat, *Buenas y malas palabras en el castellano de Venezuela*, 4.ª ed., pról. M. Picón-Salas (Madrid: Edime, 1974), 4 v.

Julio Sedano, "Carta a A. Bermúdez" (Barcelona, 25-X-1914),

en Emilio Rodríguez Demorizi, *Papeles de Rubén Darío* (Santo Domingo: Ed. del Caribe, 1969), pp. 481-483.

César Tiempo, "Alberto Ghiraldo, el adalid indomable" [1976], *Manos de obra* (Buenos Aires: Corregidor, 1980), pp. 175-181.

Karl D. Uitti, "Remy de Gourmont et le monde hispanique", *RF*, 72 (1960), 51-88.

Alonso Zamora Vicente, *Lope de Vega* (Madrid: Gredos, 1961).

——— (ed.), *Lope de Vega: Peribáñez y el Comendador de Ocaña. La dama boba* (Madrid: Espasa-Calpe, 1963).

V. Ediciones de Rubén Darío citadas en esta edición

R. D., *Los raros* [1896], 4.ª ed. aum. (Barcelona: Maucci, 1905).

R. D., *Prosas profanas y otros poemas* (Buenos Aires: Imp. Pablo E. Coni e Hijos, 1896), XIII + 176 pp. [Cit. como *BA, 1896*].

R. D., *Prosas profanas y otros poemas* [2.ª ed. aum.], Estudio preliminar: "Rubén Darío: Su personalidad literaria. Su última obra" de José Enrique Rodó (sin firma) (París: Librería de la Vda. de C. Bouret, 1901), 160 pp. [Fue reimp. en 1908 y 1915]. [Cit. como *P, 1901*].

R. D., *Obras completas*, ed. M. Sanmiguel Raimúndez (vols. I, II, III y V) y E. Gascó Contell (vol. IV) (Madrid: Afrodisio Aguado, 1950-1955), 5 v.

R. D., *Poesías completas* [1952], ed. A. Méndez Plancarte y A. Oliver Belmás, 11.ª ed. (Madrid: Aguilar, 1968). [Cit. como *PC*].

R. D., *Poesía* [1952], ed. E. Mejía Sánchez, pról. A. Rama (Caracas: Biblioteca Ayacucho, 1977).

R. D., *Autobiografías*, pról. E. Anderson Imbert (Buenos Aires: Marymar, 1976). Contiene: "La vida de Rubén Darío contada por él mismo" (1912), "Historia de mis libros" (1913), "El oro de Mallorca" (1913-1914).

ABREVIATURAS

AG	Amitié Guérinienne (Argentina).
AIUO	Annali Istituto Universitario Orientale. Sezione Romanza (Italia).
AL	Anuario de Letras (México).
ALH	Anales de Literatura Hispanoamericana.
AUCh	Anales de la Universidad de Chile.
BAAL	Boletín de la Academia Argentina de Letras.
BANL	Boletín de la Academia Nacional de Letras (Uruguay).
BBMP	Boletín de la Biblioteca Menéndez y Pelayo (España).
BHS	Bulletin of Hispanic Studies (Gran Bretaña).
BLC	Boletín de Literatura Comparada (Argentina).
CA	Cuadernos Americanos (México).
CBN	Cuadernos de Bibliografía Nicaragüense.
CHisp	Cuadernos Hispanoamericanos (España).
CILH	Cuadernos para la Investigación de la Literatura Hispánica (España).
CS	Cuadernos del Sur (Argentina).
CU	Cuadernos Universitarios (Nicaragua).
ET	El Tiempo (Argentina).
ETL	Explicación de Textos Literarios (USA).
HR	Hispanic Review (USA).
LALR	Latin American Literary Review.
LE	La Epoca (España).
LBA	Letras de Buenos Aires.
LN	La Nación (Argentina).
LP	La Prensa (Argentina).
LT	La Torre (Puerto Rico).
MC	Madrid Cómico (España).

MF   Mercure de France.
NRFH   Nueva Revista de Filología Hispánica (México).
NRP   Nueva Revista del Pacífico (Chile).
PSA   Papeles de Son Armadans (España).
QuIb   Quaderni Iberoamericani (Italia).
QuLit   La Quinzaine Littéraire.
RA   Repertorio Americano (Costa Rica).
RC   Revista Contemporánea (España).
RCEH   Revista Canadiense de Estudios Hispánicos.
RCPC   Revista Conservadora del Pensamiento Centroamericano (Nicaragua).
RDHL   Revista de Derecho, Historia y Letras (Argentina).
REH   Revista de Estudios Hispánicos.
RF   Romanische Forschungen (RFA).
RH   Revue Hispanique (Francia).
RHM   Revista Hispánica Moderna (USA).
RIB   Revista Inter-Americana de Bibliografía (USA).
RIb   Revista Iberoamericana (USA).
RJ   Romanistisches Jahrbuch (BDR).
RL   Revista de Literatura (España).
RMS   Renaissance & Modern Studies (Gran Bretaña).
RN   Romance Notes (USA).
RNac   Revista Nacional (Uruguay).
RNC   Revista Nacional de Cultura (Venezuela).
RUC   Revista de la Universidad Complutense (España).
RUL   Revista Universitaria de Letras (Argentina).
RUZ   Revista de la Universidad del Zulia (Venezuela).
SARD   Seminario-Archivo Rubén Darío.
TC   Texto Crítico (México).
TH   Todo es Historia (Argentina).

NOTA PREVIA

ESTA edición restituye la lección de la segunda de *Prosas profanas y otros poemas* (París, 1901), la última que cuidó el autor, a la luz de las probanzas que constan. Las otras ediciones que se editaron en vida del autor fueron, al parecer, reproducciones estereotípicas de la de 1901 (casa Bouret, de París) y no parece que Darío haya intervenido en el texto de los poemas de esta colección reunidos en antología. La más célebre de éstas es la serie publicada entre 1914 y 1916 por la Biblioteca Corona (Madrid). Mientras no se agregue nueva información, Darío habría señalado los títulos de los poemas a incluir, pero la edición de esos volúmenes (tres) fue cuidada por Ramón Pérez de Ayala y Enrique de Mesa, directores de ese sello.[1] Como se afirma abajo, no ha sido posible acceder

---

[1] J. Saavedra Molina [1944] atribuyó a Darío la responsabilidad en la ed. de los tres volúmenes (*Muy siglo XVIII*, 1914; *Muy antiguo y muy moderno*, 1915, *Y una sed de ilusiones infinita*, 1916, póstumo). Sin embargo, Pérez de Ayala le pide a Darío en 1914 el número de versos que incluirá el primero de ellos, así como el título (carta del 10 de julio de 1914), en Álvarez, 1963, pp. 144-145), lo que revela que fue hecha a la distancia (desde París). Pérez de Ayala habla, un año más tarde, del "volumen segundo de las obras de Rubén, que he tenido que seleccionar, ordenar, corregir infinitas veces, ir y venir a la imprenta" (carta a Miguel Rodríguez Acosta del 21 de mayo de 1915), en Pérez de Ayala, 1980, p. 165). El volumen "segundo" es *Muy siglo XVIII*, primero de la selección antológica, aparecido en diciembre de 1914. El primero de las "obras de Rubén" es *Canto*

a manuscritos de estos poemas, salvo los de "Coloquio de los centauros" (reproducido por Marasso, 1934, y analizado por Méndez Plancarte y Oliver Belmas, 1968, 1183-1184) y "Cosas del Cid" (borrador estudiado por Zamora Vicente, 1973, y Zabala, 1979).

Para establecer el texto hemos seguido la última edición, anotando las variantes registradas en el paso de la versión original (periodística) al libro. Hemos tenido a la vista las ediciones críticas más solventes (Méndez Plancarte y Oliver Belmas, 1968, y Mejía Sánchez, 1977); corregimos la puntuación cuando se trata de evidentes erratas, así como enmendamos toda deturpación textual. Respetamos el uso de los blancos, sangrías y demás peculiaridades tipográficas, aunque no parece que Darío sea el responsable directo de este orden de cosas (Arrieta, 1967). La única violencia es no respetar la mayúscula inicial de verso, así como la división de la obra en secciones, aun cuando en las eds. originales no se lo señale expresamente (caso de secciones de un solo poema). En la resolución del uso de los signos de exclamación (extremo sumamente ambiguo y confuso en las ediciones de Buenos Aires y París, así como en las versiones periodísticas) seguimos a Mejía Sánchez, 1977. Toda otra elección del editor queda consignada en las notas textuales que acompañan a cada poema.

Una edición crítica debe aspirar a ser una edición "razonada". No es, recuérdese, un fin en sí mismo, sino un

---

a la Argentina y otros poemas, de finales de octubre de 1914 (carta del 17 de junio de 1915, íd.; v. Torres, 1980, y Martínez Cachero, 1981).

Una carta de Julio Sedano a Alejandro Bermúdez, del 25 de octubre de 1914, da pie para suponer que el secretario de Darío pudo tener alguna participación en la formación de esta serie antológica. Dice allí, refiriéndose —como es habitual— a cuestiones monetarias: "Rubén y Ud. saben que las últimas pesetas *dos mil recibidas* en el mes de julio, por mis trabajos para la formación del libro a la casa Ayala..." (Rodríguez Demorizi, 1969, página 482). Sedano escribe desde Barcelona y la carta está fechada el mismo día de la partida de Darío de ese puerto rumbo a Nueva York, en gira pacifista junto al destinatorio de la carta.

medio, una herramienta. Ésta que presentamos de *Prosas profanas y otros poemas* aspira a ofrecer un sólido instrumento de trabajo a aquellos interesados en profundizar en el conocimiento de la obra de Rubén Darío. En tal sentido, es el primer paso de una empresa de mayor aliento, y aún pendiente a casi setenta años de la muerte del poeta, cual es la de la edición crítica del corpus total de su obra.

Presente ese carácter de herramienta que tiene toda edición crítica, he procurado acotar la tradición erudita en lo que hace a la lección del texto de *Prosas profanas y otros poemas,* desde la publicación de los poemas en periódicos y revistas, hasta la edición de 1901 (París). No ha sido posible acceder a los manuscritos que, salvo alguna excepción, parecen haberse volatilizado de los archivos. El aparato crítico pretende, a través de las notas textuales y críticas (que forman el "Índice onomástico y glosario" que cierra la edición), darle a este volumen una utilidad instrumental para el lector culto: una edición crítica es también un sistema. Las notas abordan las referencias que sustentan el uso de ciertos vocablos y la presencia de ciertos nombres en los poemas de Darío. Igualmente, se ha pensado en la conveniencia de no incurrir en el hábito de trasladar al lector la modalidad interpretativa del editor, resuelta tantas veces en una traducción de metáforas o una glosa propia del ensayo o del tratado. Para despejar la atención del lector, las notas críticas y enciclopédicas se arrinconan en el apartado final de la obra, donde el lector podrá encontrar resueltos aquellos términos problemáticos en el autor (no todos, tampoco).

Cada texto, además, va acompañado de la bibliografía básica y seleccionada que mejor apoyatura ofrece al interesado en profundizar en el conocimiento de cada texto. Con ello se aspira a cerrar la intención instrumental de estas páginas que son, para compromiso de quien las firma, las de la primera edición crítica de la obra en volumen individual.

Esta labor no hubiera sido posible sin la generosidad de gran número de colegas estudiosos de la obra de Darío, que posibilitaron la consulta de una base documental amplia pero dispersa en repositorios de América y Europa. Entre las corporaciones, quiero manifestar mi agradecimiento al Seminario-Archivo Rubén Darío (Madrid), las Bibliotecas Central de la Universidad Nacional de Mar del Plata, Central de la Universidad Nacional de Cuyo (Argentina) y del Ibero-Amerikanisches Institut (Berlín, BRD). Mi deuda personal es grande con autores y editores que accedieron al envío de su obra a pedido del suscripto. En especial quedo reconocido a Edelberto Torres, José Jirón Terán, Ned J. Davison, Hensley C. Woodbridge, Enrique M. Mayocchi, Nicolás J. Dornheim, José María y María Inés de Monner Sans, Lía M. Galán. Horacio V. Zabala, Bernardo Canal-Feijóo y Rafael F. Oteriño (quien me obsequió su ejemplar de la ed. París de *Prosas*). Enrique y Emilia de Zuleta completaron su amplio y profundo magisterio con su ayuda constante para la consulta de importantes colecciones bibliográficas. Alonso Zamora Vicente confió en su viejo discípulo de los días de Madrid para esta empresa.

No olvido, finalmente, que esta edición fue iniciada al tiempo que dictaba un seminario sobre la poesía de Darío con mis estudiantes del curso 1981 de la cátedra de Literatura Hispanoamericana I en mi Universidad. En el diálogo de esas reuniones surgieron perspectivas de lectura que enriquecieron mi visión de estos poemas; a ellos mi reconocimiento.

I. M. Z.

Universidad Nacional de Mar del Plata (Argentina).

RUBÉN DARÍO

*

Prosas Profanas

y otros poemas

BUENOS AIRES

IMPRENTA DE PABLO E. CONI É HIJOS
680, CALLE PERÚ, 680

—

1896

RUBÉN DARÍO

Prosas Profanas

y otros poemas

LIBRERÍA DE LA Vᵈᵃ DE C. BOURET

PARÍS | MÉXICO
23, Rue Visconti, 23 | 14, Cinco de Mayo, 14

1901
Propiedad del Editor.

A
Carlos Vega Belgrano
afectuosamente
este libro
dedica
R. D.

PALABRAS LIMINARES [1]

Después de *Azul...*, después de *Los Raros,* voces insinuantes, buena y mala intención, entusiasmo sonoro y envidia subterránea, —todo bella cosecha— solicitaron lo que, en conciencia, no he creído fructuoso ni oportuno: un manifiesto.

Ni fructuoso ni oportuno:

a) Por la absoluta falta de elevación mental de la mayoría pensante de nuestro continente, en la cual impera el universal personaje clasificado por Remy de Gourmont con el nombre de Celui-qui ne comprend-pas. Celui qui ne comprend-pas es entre nosotros profesor, académico correspondiente de la Real Academia Española, periodista, abogado, poeta, rastaquouer.

b) Porque la obra colectiva de los nuevos de América es aún vana, estando muchos de los mejores talentos en el limbo de un completo desconocimiento del mismo Arte a que se consagran.   5

c) Porque proclamando, como proclamo, una estética acrática, la imposición de un modelo o de un código implicaría una contradicción.

---

[1] Las "Palabras liminares" fueron la carta de presentación de esta obra en España, junto con "Sinfonía en gris mayor", reimpresos junto al artículo de Jacinto Benavente, "Rubén Darío", *MC,* 19 de noviembre de 1898, 802-803. La defensa de Benavente: "Rubén Darío es un poeta castizo, pero castizo... de su casta" (802).

Bibl.: Sánchez Castañer, 1975.

Yo no tengo literatura "mía" —como lo ha manifestado una magistral autoridad—, para marcar el rumbo de los demás: mi literatura es *mía* en mí; —quien siga servilmente mis huellas perderá su tesoro personal y, paje o esclavo, no podrá ocultar sello o librea. Wagner a Augusta Holmes, su discípula, dijo un día: "Lo primero, no imitar a nadie, y sobre todo, a mí". Gran decir.

*

Yo he dicho, en la misa rosa de mi juventud, mis   10
antífonas, mis secuencias, mis profanas prosas.
—Tiempo y menos fatigas de alma y corazón me han hecho falta, para, como un buen monje artífice, hacer mis mayúsculas dignas de cada página del breviario. (A través de los fuegos divinos de las vidrieras historiadas, me río del viento que sopla afuera, del mal que pasa.) Tocad, campanas de oro, campanas de plata; tocad todos los días, llamándome a la fiesta en que brillan los ojos de fuego, y las rosas de las bocas sangran delicias únicas. Mi órgano es un viejo clavicordio pompadour, al son del cual danzaron sus gavotas alegres abuelos; y el perfume de tu pecho es mi perfume, eterno incensario de carne, Varona inmortal, flor de mi costilla.
Hombre soy.   15

*

¿Hay en mi sangre alguna gota de sangre de África, o de indio chorotega o nagrandano? Pudiera ser, a despecho de mis manos de marqués: mas he aquí que veréis en mis versos princesas, reyes, cosas imperiales, visiones de países lejanos o imposibles: ¡qué queréis!, yo detesto la vida y el tiempo en que me tocó nacer; y a un presidente de República no podré saludarle en el idioma en que te cantaría a ti, ¡oh

Halagabal! de cuya corte —oro, seda, mármol— me
acuerdo en sueños...

(Si hay poesía en nuestra América ella está en las
cosas viejas: en Palenke y Utatlán, en el indio legendario y el inca sensual y fino, y en el gran Moctezuma de la silla de oro. Lo demás es tuyo, demócrata
Walt Whitman.)

Buenos Aires: Cosmópolis.   20

¡Y mañana!

El abuelo español de barba blanca me señala una
serie de retratos ilustres: "Éste, me dice, es el gran
don Miguel de Cervantes Saavedra, genio y manco;
éste es Lope de Vega, éste Garcilaso, éste Quintana".
Yo le pregunto por el noble Gracián, por Teresa la
Santa, por el bravo Góngora y el más fuerte de todos,
don Francisco de Quevedo y Villegas. Después excla-
mo: "¡Shakespeare! ¡Dante! ¡Hugo!... (Y en mi interior: ¡Verlaine...!)

Luego, al despedirme: —"Abuelo, preciso es de-   25
círoslo: mi esposa es de mi tierra; mi querida, de
París".

*

¿Y la cuestión métrica? ¿Y el ritmo?

Como cada palabra tiene una alma, hay en cada
verso, además de la armonía verbal, una melodía ideal.
La música es sólo de la idea, muchas veces.

*

La gritería de trescientas ocas no te impedirá, sil-   30
vano, tocar tu encantadora flauta, con tal de que tu
amigo el ruiseñor esté contento de tu melodía. Cuando
él no esté para escucharte, cierra los ojos y toca para
los habitantes de tu reino interior. ¡Oh pueblo de
desnudas ninfas, de rosadas reinas, de amorosas diosas!

Cae a tus pies una rosa, otra rosa, otra rosa.
¡Y besos!

***

Y, la primera ley, creador: crear. Bufe el eunuco;   35
cuando una musa te dé un hijo, queden las otras ocho
encinta.

R. D.

PROSAS PROFANAS

[1]

ERA UN AIRE SUAVE...

Era un aire suave, de pausados giros;
el hada Harmonía ritmaba sus vuelos;
e iban frases vagas y tenues suspiros
entre los sollozos de los violoncelos.

Sobre la terraza, junto a los ramajes,   5
diríase un trémolo de liras eolias
cuando acariciaban los sedosos trajes
sobre el tallo erguidas las blancas magnolias.

La marquesa Eulalia risas y desvíos
daba a un tiempo mismo para dos rivales,   10
el vizconde rubio de los desafíos
y el abate joven de los madrigales.

Cerca, coronado con hojas de viña,
reía en su máscara Término barbudo,
y, como un efebo que fuese una niña,   15
mostraba una Diana su mármol desnudo.

Y bajo un boscaje del amor palestra,
sobre rico zócalo al modo de Jonia,
con un candelabro prendido en la diestra
volaba el Mercurio de Juan de Bolonia.   20

La orquesta perlaba sus mágicas notas,
un coro de sones alados se oía;
galantes pavanas, fugaces gavotas
cantaban los dulces violines de Hungría.

Al oír las quejas de sus caballeros   25
ríe, ríe, ríe la divina Eulalia,
pues son su tesoro las flechas de Eros,
el cinto de Cipria, la rueca de Onfalia.

¡Ay de quien sus mieles y frases recoja!
¡Ay de quien del canto de su amor se fíe!   30
Con sus ojos lindos y su boca roja,
la divina Eulalia ríe, ríe, ríe.

Tiene azules ojos, es maligna y bella;
cuando mira vierte viva luz extraña:
se asoma a sus húmedas pupilas de estrella   35
el alma del rubio cristal de Champaña.

Es noche de fiesta, y el baile de trajes
ostenta su gloria de triunfos mundanos.
La divina Eulalia, vestida de encajes,
una flor destroza con sus tersas manos.   40

El teclado harmónico de su risa fina
a la alegre música de un pájaro iguala,
con los staccati de una bailarina
y las locas fugas de una colegiala.

¡Amoroso pájaro que trinos exhala   45
bajo el ala a veces ocultando el pico;
que desdenes rudos lanza bajo el ala,
bajo el ala aleve del leve abanico!

Cuando a medianoche sus notas arranque
y en arpegios áureos gima Filomela,   50
y el ebúrneo cisne, sobre el quieto estanque
como blanca góndola imprima su estela,

    la marquesa alegre llegará al boscaje,
boscaje que cubre la amable glorieta
donde han de estrecharla los brazos de un paje,   55
que siendo su paje será su poeta.

    Al compás de un canto de artista de Italia
que en la brisa errante la orquesta deslíe,
junto a los rivales la divina Eulalia,
la divina Eulalia ríe, ríe, ríe.   60

    ¿Fue acaso en el tiempo del rey Luis de Francia,
sol con corte de astros, en campos de azur?
¿Cuando los alcázares llenó de fragancia
la regia y pomposa rosa Pompadour?

    ¿Fue cuando la bella su falda cogía   65
con dedos de ninfa, bailando el minué,
y de los compases el ritmo seguía
sobre el tacón rojo, lindo y leve el pie?

    ¿O cuando pastoras de floridos valles
ornaban con cintas sus albos corderos,   70
y oían, divinas Tirsis de Versalles,
las declaraciones de sus caballeros?

    ¿Fue en ese buen tiempo de duques pastores,
de amantes princesas y tiernos galanes,
cuando entre sonrisas y perlas y flores   75
iban las casacas de los chambelanes?

    ¿Fue acaso en el Norte o en el Mediodía?
Yo el tiempo y el día y el país ignoro,
pero sé que Eulalia ríe todavía,
¡y es cruel y eterna su risa de oro!   80

1893.

Revista Nacional (Buenos Aires), XVIII (septiembre 1893), 194-196.
v. 33: "es *artista* y bella".
v. 41: "armónico".
v. 43: "*estacatos*".

Bibl.: Benítez, 1967; Marasso, 1968; ·Ruiz de Galarreta, 1973;
    Forcadas, 1973 y 1976.

[2]

DIVAGACIÓN

¿Vienes? Me llega aquí, pues que suspiras,
un soplo de las mágicas fragancias
que hicieran los delirios de las liras
en las Grecias, las Romas y las Francias.

¡Suspira así! Revuelen las abejas;   5
al olor de la olímpica ambrosía,
en los perfumes que en el aire dejas;
y el dios de piedra se despierte y ría,

y el dios de piedra se despierte y cante
la gloria de los tirsos florecientes   10
en el gesto ritual de la bacante
ae rojos labios y nevados dientes;

en el gesto ritual que en las hermosas
ninfalias guía a la divina hoguera,
hoguera que hace llamear las rosas   15
en las manchadas pieles de pantera.

Y pues amas reír, ríe, y la brisa
lleve el son de los líricos cristales
de tu reír, y haga temblar la risa
la barba de los Términos joviales.   20

Mira hacia el lado del boscaje, mira
blanquear el muslo de marfil de Diana,
y después de la Virgen, la Hetaíra
diosa, su blanca, rosa y rubia hermana

pasa en busca de Adonis; sus aromas   25
deleitan a las rosas y los nardos;
síguela una pareja de palomas
y hay tras ella una fuga de leopardos.

*

¿Te gusta amar en griego? Yo las fiestas
galantes busco, en donde se recuerde   30
al suave son de rítmicas orquestas
la tierra de la luz y el mirto verde.

(Los abates refieren aventuras
a las rubias marquesas. Soñolientos
filósofos defienden las ternuras   35
del amor, con sutiles argumentos,

mientras que surge de la verde grama,
en la mano el acanto de Corinto,
una ninfa a quien puso un epigrama
Beaumarchais, sobre el mármol de su plinto.   40

Amo más que la Grecia de los griegos
la Grecia de la Francia, porque en Francia
al eco de las Risas y los Juegos,
su más dulce licor Venus escancia.

Demuestran más encantos y perfidias   45
coronadas de flores y desnudas,
las diosas de Clodión que las de Fidias.
Unas cantan francés, otras son mudas.

Verlaine es más que Sócrates; y Arsenio
Houssaye supera al viejo Anacreonte.   50
En París reinan el Amor y el Genio:
ha perdido su imperio el dios bifronte.

Monsieur Prudhomme y Homais no saben nada.
Hay Chipres, Pafos, Tempes y Amatuntes,
donde al amor de mi madrina, un hada,   55
tus frescos labios a los míos juntes)

Sones de bandolín. El rojo vino
conduce un paje rojo. ¿Amas los sones
del bandolín, y un amor florentino?
Serás la reina en los decamerones.   60

(Un coro de poetas y pintores
cuenta historias picantes. Con maligna
sonrisa alegre aprueban los señores.
Clelia enrojece. Una dueña se signa)

¿O un amor alemán? —que no han sentido   65
jamás los alemanes—: la celeste
Gretchen; claro de luna; el aria; el nido
del ruiseñor; y en una roca agreste,

la luz de nieve que del cielo llega
y baña a una hermosura que suspira   70
la queja vaga que a la noche entrega
Loreley en la lengua de la lira.

Y sobre el agua azul el caballero
Lohengrín; y su cisne, cual si fuese
un cincelado témpano viajero,   75
con su cuello enarcado en forma de S.

Y del divino Enrique Heine un canto,
a la orilla del Rhin; y del divino
Wolfgang la larga cabellera, el manto;
y de la uva teutona el blanco vino.   80

O amor lleno de sol, amor de España,
amor lleno de púrpuras y oros;
amor que da el clavel, la flor extraña
regada con la sangre de los toros;

flor de gitanas, flor que amor recela,   85
amor de sangre y luz, pasiones locas;
flor que trasciende a clavo y a canela,
roja cual las heridas y las bocas.

*

¿Los amores exóticos acaso...?
Como rosa de Oriente me fascinas: 90
me deleitan la seda, el oro, el raso.
Gautier adoraba a las princesas chinas.

¡Oh bello amor de mil genuflexiones;
torrcs de kaolín, pies imposibles,
tazas de té, tortugas y dragones,   95
y verdes arrozales apacibles!

Ámame en chino, en el sonoro chino
de Li-Tai-Pe. Yo igualaré a los sabios
poetas que interpretan el destino;
madrigalizaré junto a tus labios.   100

Diré que eres más bella que la luna;
que el tesoro del cielo es menos rico
que el tesoro que vela la importuna
caricia de marfil de tu abanico.

*

Ámame, japonesa, japonesa   105
antigua, que no sepa de naciones
occidentales: tal una princesa
con las pupilas llenas de visiones,

que aun ignorase en la sagrada Kioto,
en su labrado camarín de plata,   110
ornado al par de crisantemo y loto,
la civilización de Yamagata.

O con amor hindú que alza sus llamas
en la visión suprema de los mitos,
y hace temblar en misteriosas bramas   115
la iniciación de los sagrados ritos,

en tanto mueven tigres y panteras
sus hierros, y en los fuertes elefantes
sueñan con ideales bayaderas
los rajahs constelados de brillantes.   120

O negra, negra como la que canta
en su Jerusalem el rey hermoso,
negra que haga brotar bajo su planta
la rosa y la cicuta del reposo...

Amor, en fin, que todo diga y cante,   125
amor que encante y deje sorprendida
a la serpiente de ojos de diamante
que está enroscada al árbol de la vida.

Ámame así, fatal, cosmopolita,
universal, inmensa, única, sola   130
y todas; misteriosa y erudita:
ámame mar y nube, espuma y ola.

Sé mi reina de Saba, mi tesoro;
descansa en mis palacios solitarios.
Duerme. Yo encenderé los incensarios.   135
Y junto a mi unicornio cuerno de oro,
tendrán rosas y miel tus dromedarios.

Tigre Hotel, diciembre 1894.

La Nación (Bs. As.), 7 de diciembre de 1894.
Título: "Divagación: A la desconocida".
Dedicatoria: "Para el maestro Gabriele D'Anunzio [*sic*]. EN NAPOLES".
Acápite: "De un próximo libro de versos: *PROSAS PROFANAS*".
v. 74: "Lohengrin" (sin acento).
v. 79: "Wolfang" (también en *BA, 1896,* y *P, 1901*).
Cf. R. Darío, "Del Tigre-Hotel", *LN*, 3 de febrero de 1894; Mapes, 1938, pp. 171-173.

Bibl.: Carlos, 1967; Marasso, 1968; Zamora Vicente, 1973.

[3]

SONATINA

La princesa está triste... ¿qué tendrá la princesa?
Los suspiros se escapan de su boca de fresa,
que ha perdido la risa, que ha perdido el color.
La princesa está pálida en su silla de oro,
está mudo el teclado de su clave sonoro;   5
y en un vaso olvidada se desmaya una flor.

El jardín puebla el triunfo de los pavos-reales.
Parlanchina, la dueña dice cosas banales,
y, vestido de rojo, piruetea el bufón.
La princesa no ríe, la princesa no siente;   10
la princesa persigue por el cielo de Oriente
la libélula vaga de una vaga ilusión.

¿Piensa acaso en el príncipe de Golconda o de China,
o en el que ha detenido su carroza argentina
para ver de sus ojos la dulzura de luz?   15
¿O en el rey de las Islas de las Rosas fragantes,
o en el que es soberano de los claros diamantes,
o en el dueño orgulloso de las perlas de Ormuz?

¡Ay! La pobre princesa de la boca de rosa,
quiere ser golondrina, quiere ser mariposa,   20
tener alas ligeras, bajo el cielo volar,
ir al sol por la escala luminosa de un rayo,
saludar a los lirios con los versos de Mayo,
o perderse en el viento sobre el trueno del mar.

Ya no quiere el palacio, ni la rueca de plata,   25
ni el halcón encantado, ni el bufón escarlata,
ni los cisnes unánimes en el lago de azur.
Y están tristes las flores por la flor de la corte;
los jazmines de Oriente, los nelumbos del Norte,
de Occidente las dalias y las rosas del Sur.   30

¡Pobrecita princesa de los ojos azules!
Está presa en sus oros, está presa en sus tules,
en la jaula de mármol del palacio real,
el palacio soberbio que vigilan los guardas,
que custodian cien negros con sus cien alabardas,   35
un lebrel que no duerme y un dragón colosal.

· ¡Oh quién fuera hipsipila que dejó la crisálida!
(La princesa está triste. La princesa está pálida)
¡Oh visión adorada de oro, rosa y marfil!   ·
¡Quién volara a la tierra donde un príncipe existe   40
(La princesa está pálida. La princesa está triste)
más brillante que el alba, más hermoso que Abril!

—¡Calla, calla, princesa —dice el hada madrina—,
en caballo con alas, hacia acá se encamina,
en el cinto la espada y en la mano el azor,   45
el feliz caballero que te adora sin verte,
y que llega de lejos, vencedor de la Muerte,
a encenderte los labios con su beso de amor!

La Nación (Bs. As.), 17 de junio de 1895.
Ded.: "A la Desconocida".
Acápite: "PROSAS PROFANAS".
v. 6: final con puntos suspensivos ("una flor...").
v. 29: "*oriente*", "*norte*".
v. 30: "*occidente*", "*sur*".
vv. 37 y 43: se abren con comillas.

Bibl.: Lorenz, 1960 (pp. 117-119); Dyson, 1967; López Estrada,
    1971 (pp. 129-133); Forcadas, 1972; Glendinning, 1972; Gullón,
    1974; Hatzfeld, 1974; Salgado, 1976.

[4]

BLASÓN

Para la condesa de Peralta

El olímpico cisne de nieve
con el ágata rosa del pico
lustra el ala eucarística y breve
que abre al sol como un casto abanico.

En la forma de un brazo de lira   5
y del asa de un ánfora griega
es su cándido cuello que inspira
como prora ideal que navega.

Es el cisne, de estirpe sagrada,
cuyo beso, por campos de seda,   10
ascendió hasta la cima rosada
de las dulces colinas de Leda.

Blanco rey de la fuente Castalia,
su victoria ilumina el Danubio;
Vinci fue su barón en Italia;   15
Lohengrín es su príncipe rubio.

Su blancura es hermana del lino,
del botón de los blancos rosales
y del albo toisón diamantino
de los tiernos corderos pascuales.   20

Rimador de ideal florilegio,
es de armiño su lírico manto,
y es el mágico pájaro regio
que al morir rima el alma en un canto.

El alado aristócrata muestra   25
lises albos en campo de azur,
y ha sentido en sus plumas la diestra
de la amable y gentil Pompadour.

Boga y boga en el lago sonoro
donde el sueño a los tristes espera,   30
donde aguarda una góndola de oro
a la novia de Luis de Baviera.

Dada, Condesa, a los cisnes cariño,
dioses son de un país halagüeño
y hechos son de perfume, de armiño,   35
de luz alba, de seda y de sueño.

La Revista Ilustrada de Nueva York (Nueva York) (mayo de
1893). [Brenes Mesén, 1955, habla de una versión sin la dedicatoria a la Condesa (Marquesa) de Peralta escrita y publicada
en Costa Rica en 1891, a la cual, luego de la estadía en España,
se le agregaron las dedicatorias.]
Ded.: "Para la condesa de...".
v. 6: "*o* del asa".
v. 19: "Lohengr*in*" (sin acento).
v. 26: "campo*s*".

[5]

DEL CAMPO

¡Pradera, feliz día! Del regio Buenos Aires
quedaron allá lejos el fuego y el hervor;
hoy en tu verde triunfo tendrán mis sueños vida,
respiraré tu aliento, me bañaré en tu sol.

Muy buenos días, huerto. Saludo la frescura   5
que brota de las ramas de tu durazno en flor;
formada de rosales tu calle de Florida
mira pasar la Gloria, la Banca y el Sport.

Un pájaro poeta, rumia en su buche versos;
chismoso y petulante, charlando va un gorrión;   10
las plantas trepadoras conversan de política;
las rosas y los lirios, del arte y del amor.

Rigiendo su cuadriga de mágicas libélulas,
de sueños millonario, pasa el travieso Puck;
y, espléndida Sportwoman, en su celeste carro,   15
la emperatriz Titania seguida de Oberón.

De noche, cuando muestra su medio anillo de oro,
bajo el azul tranquilo, la amada de Pierrot,
es una fiesta pálida la que en el huerto reina,
toca en la lira el aire su do-re-mi-fa-sol.   20

Curiosas las violetas a su balcón se asoman.
Y una suspira: "¡Lástima que falte el ruiseñor!"
Los silfos acompasan la danza de las brisas
en un walpurgis vago de aroma y de visión.

De pronto se oye el eco del grito de la pampa,   25
brilla como una puesta del argentino sol;
y un espectral jinete, como una sombra cruza,
sobre su espalda un poncho; sobre su faz, dolor.

    —"¿Quién eres, solitario viajero de la noche?"
    —"Yo soy la Poesía que un tiempo aquí reinó: 30
¡Yo soy el postrer gaucho que parte para siempre,
de nuestra vieja patria llevando el corazón!"

La Tribuna (Bs. As.), 20 de septiembre de 1893.
Ded.: "A Juan Cancio".

[6]

ALABA LOS OJOS NEGROS DE JULIA

¿Eva era rubia? No. Con negros ojos
vio la manzana del jardín: con labios
rojos probó su miel; con labios rojos
que saben hoy más ciencia que los sabios.

Venus tuvo el azur en sus pupilas   5
pero su hijo no. Negros y fieros
encienden a las tórtolas tranquilas
los dos ojos de Eros.

Los ojos de las reinas fabulosas,
de las reinas magníficas y fuertes,   10
tenían las pupilas tenebrosas
que daban los amores y las muertes.

Pentesilea, reina de amazonas,
Judith, espada y fuerza de Betulia,
Cleopatra, encantadora de coronas,   15
la luz tuvieron de tus ojos, Julia.

Luz negra, que es más luz que la luz blanca
del sol, y las azules de los cielos.
Luz que el más rojo resplandor arranca
al diamante terrible de los celos.   20

Luz negra, luz divina, luz que alegra
la luz meridional, luz de las niñas
de las grandes ojeras, ¡oh luz negra
que hace cantar a Pan bajo las viñas!

El Tiempo (Bs. As.), 25 de mayo de 1895.
Epígrafe: "En el álbum de la Srta. Julia Gari".
Estrofa VI:

> "Luz negra que los ojos ilumina
> de las bellas huríes mahometanas
> y que aquí, en las regiones argentinas,
> mahometiza la faz de las cristianas."

Estrofas VIII-X:

> "¡Ojos grandes y negros! ¡Cómo iría,
> más seca mi alma que mi boca seca,
> a beber en el ánfora judía
> el amor, con el agua de Rebeca!
>
> ¡Ojos grandes y negros! ¡Ojos grandes
> y negros! ¿Cómo, por virtud potente,
> traéis vuestros Orientes a los Andes
> o convertís la América en Oriente?

Retrato de Rubén Darío. *La Esfera*. 1916.

Rubén Darío, enmarcado en el círculo superior, en *Antología de Poesía hispano-americana* (Barcelona, Montaner y Simón. 1897).

[7]

CANCIÓN DE CARNAVAL

Le carnaval s'amuse!
Viens le chanter, ma Muse...

BANVILLE

Musa, la máscara apresta,
ensaya un aire jovial
y goza y ríe en la fiesta
    del Carnaval.

Ríe en la danza que gira,   5
muestra la pierna rosada,
y suene, como una lira,
    tu carcajada.

Para volar más ligera
ponte dos hojas de rosa,   10
como hace tu compañera
    la mariposa.

Y que en tu boca risueña,
que se une al alegre coro
deje la abeja porteña   15
    su miel de oro.

Únete a la mascarada,
y mientras muequea un clown
con la faz pintarrajeada
    como Frank Brown;   20

Rawíes, caballeros,
¡perlas dejad aquí, ramos triunfales!
Yo enciendo en orientales pebeteros
mis mejores inciensos orientales."

mientras Arlequín revela
que al prisma sus tintes roba
y aparece Pulchinela
    con su joroba,

dí a Colombina la bella   25
lo que de ella pienso yo,
y descorcha una botella
    para Pierrot.

Que él te cuente cómo rima
sus amores con la luna   30
y te haga un poema en una
    pantomima.

Da al aire la serenata,
toca el áureo bandolín,
lleva un látigo de plata   35
    para el *spleen*.

Sé lírica y sé bizarra;
con la cítara sé griega;
o gaucha, con la guitarra
    de Santos Vega.   40

Mueve tu espléndido torso
por las calles pintorescas
y juega y adorna el corso
    con rosas frescas.

De perlas riega un tesoro   45
de Andrade en el regio nido,
y en la hopalanda de Guido,
    polvo de oro.

Penas y duelos olvida,
canta deleites y amores;   50
busca la flor de las flores
    por Florida:

con la armonía le encantas
de las rimas de cristal,
y deshojas a sus plantas,   55
    un madrigal.

Piruetea, baila, inspira
versos locos y joviales;
celebre la alegre lira
    los carnavales.   60

Sus gritos y sus canciones,
sus comparsas y sus trajes,
sus perlas, tintes y encajes
    y pompones.

Y lleve la rauda brisa,   65
sonora, argentina, fresca,
la victoria de tu risa
    funambulesca.

El Tiempo (Bs. As.), 22 de enero de 1894.
Acápite: "Mensaje del lunes".
Firma: "Des Esseintes".
v. 36: "spleen".

Cf. "Después del Carnaval", *LN,* 5 de marzo de 1895, Mapes,
    1938, pp. 74-77; "Preludios de Carnaval", *ET,* 4 de noviembre
    de 1897, Mapes, 1938, pp. 181-185. (Glosa del poema por el
    autor.)

[8]

PARA UNA CUBANA

Poesía dulce y mística,
busca a la blanca cubana
que se asomó a la ventana
como una visión artística.

Misteriosa y cabalística,   5
puede dar celos a Diana,
con su faz de porcelana
de una blancura eucarística.

Llena de un prestigio asiático,
roja, en el rostro enigmático,   10
su boca púrpura finge

y al sonreírse vi en ella
el resplandor de una estrella
que fuese alma de una esfinge.

La cubana-japonesa de estos dos *sonetitos* es María Cay, hermana
de Raoul Cay.

El Fígaro (La Habana), 31 de julio de 1892.
*Artes y Letra*s (Buenos Aires), II, 18 de noviembre de 1894.
Tít.: "Sonetitos" (junto a "Para la misma").

[9]

PARA LA MISMA

Miré al sentarme a la mesa,
bañado en la luz del día
el retrato de María,
la cubana-japonesa.

El aire acaricia y besa   5
como un amante lo haría,
la orgullosa bizarría
de la cabellera espesa.

Diera un tesoro el Mikado
por sentirse acariciado   10
por princesa tan gentil,

> digna de que un gran pintor
> la pinte junto a una flor
> en un vaso de marfil.

El Fígaro (La Habana), 31 de julio de 1892.
Artes y Letras (Bs. As.), II, 18 de febrero de 1894.
Tít.: "Sonetitos" (junto a "Para una cubana").

La Nación (Bs. As.), 7 de marzo de 1895.
En el art. "El Gral. Lacambre" [*sic*].
v. 1: "Miré *enfrente de* la mesa".
v. 4: "la *adorable* japonesa".
vv. 10-13:

> "por contemplar a su lado
> a princesita tan gentil
>
> y ordenara a su pintor
> pintarla junto a una flor...".

[10]

BOUQUET

Un poeta egregio del país de Francia
que con versos áureos alabó el amor,
formó un ramo armónico, lleno de elegancia,
en su *Sinfonía en Blanco Mayor*.

Yo por ti formara, Blanca deliciosa,   5
el regalo lírico de un blanco *bouquet*,
con la blanca estrella, con la blanca rosa
que en los bellos parques del azul se ve.

Hoy · que tú celebras tus bodas de nieve,
(tus bodas de virgen con el sueño son)   10
todas sus blancuras Primavera llueve
sobre la blancura de tu corazón.

Cirios, cirios blancos, blancos, blancos lirios,
cuello de los cisnes, margarita en flor,
galas de la espuma, ceras de los cirios   15
y estrellas celestes tienen tu color.

Yo al enviarte versos de mi vida arranco
la flor que te ofrezco, blanco serafín.
¡Mira cómo mancha tu corpiño blanco
la más roja rosa que hay en mi jardín!   20

Buenos Aires (Bs. As.), 68 (26 de julio de 1896).
Tít.: "A Blanca: En el álbum de Blanca Gómez Palacios".
Ilustr.: Retrato de B. G. P.
v. 10: va entre guiones, y no entre paréntesis.
v. 11: "Primavera".

[11]

EL FAISÁN

Dijo sus secretos el faisán de oro: —
en el gabinete mi blanco tesoro,
de sus claras risas el divino coro.

Las bellas figuras de los gobelinos,
los cristales llenos de aromados vinos,   5
las rosas francesas en los vasos chinos.

(Las rosas francesas, porque fue allá en Francia
donde en el retiro de la dulce estancia
esas frescas rosas dieron su fragancia).

La cena esperaba. Quitadas las vendas,   10
iban mil amores de flechas tremendas
en aquella noche de Carnestolendas.

La careta negra se quitó la niña,
y tras el preludio de una alegre riña
apuró mi boca vino de su viña.   15

Vino de la viña de la boca loca,
que hace arder el beso, que el mordisco invoca.
¡Oh los blancos dientes de la loca boca!

En su boca ardiente yo bebí los vinos,
y, pinzas rosadas, sus dedos divinos,   20
me dieron las fresas y los langostinos.

Yo la vestimenta de Pierrot tenía,
y aunque me alegraba y aunque me reía,
moraba en mi alma la melancolía.

La carnavalesca noche luminosa   25
dio a mi triste espíritu la mujer hermosa,
sus ojos de fuego, sus labios de rosa.

Y en el gabinete del café galante
ella se encontraba con su nuevo amante,
peregrino pálido de un país distante.   30

Llegaban los ecos de vagos cantares;
y se despedían de sus azahares
miles de purezas en los bulevares.

Y cuando el champaña me cantó su canto,
por una ventana vi que un negro manto   35
de nube, de Febo cubría el encanto.

Y dije a la amada de un día: —¿No viste
de pronto ponerse la noche tan triste?
¿Acaso la Reina de luz ya no existe?

Ella me miraba. Y el faisán cubierto de plumas
                                        [de oro: 40
    —"¡Pierrot! ¡Ten por cierto
que tu fiel amada, que la Luna, ha muerto!"

Argentina, I, 2 (20 de septiembre de 1895). Escrito, según Mejía
    Sánchez [1977], en París en junio-julio de 1893.

P, 1901.
v. 37: err. "ama*n*da".

[12]

GARCONNIÈRE

A G. Grippa

Cómo era el instante, dígalo la musa
que las dichas trae, que las penas lleva:
la tristeza pasa, velada y confusa;
la alegría, rosas y azahares nieva.

Era en un amable nido de soltero,   5
de risas y versos, de placer sonoro;
era un inspirado cada caballero,
de sueños azules y vino de oro.

Un rubio decía frases sentenciosas
negando y amando las musas eternas: 10
un bruno decía versos como rosas,
de sonantes rimas y palabras tiernas.

Los tapices rojos, de doradas listas,
cubrían panoplias de pinturas y armas,
que hablaban de bellas pasadas conquistas,   15
amantes coloquios y dulces alarmas.

El verso de fuego de D'Annunzio era
como un son divino que en las saturnales
guiara las manchadas pieles de pantera,
a fiestas soberbias y amores triunfales.   20

E iban con manchadas pieles de pantera,
con tirsos de flores y copas paganas
las almas de aquellos jóvenes que viera
Venus en su templo con palmas hermanas.

Venus, la celeste reina que adivina   25
en las almas vivas alegrías francas
y que les confía, por gracia divina,
sus abejas de oro, sus palomas blancas.

Y aquellos amantes de la eterna Dea,
a la dulce música de la regia rima,   30
oyen el mensaje de la vasta Idea
por el compañero que recita y mima.

Y sobre sus frentes que acaricia el lauro,
Abril pone amable su beso sonoro,
y llevan gozosos, sátiro y centauro,   35
la alegría noble del vino de oro.

Buenos Aires, 79 (11 de octubre de 1896).
Tít.: "Interior".

BA, 1896, y *P, 1901*.
v. 17: "D'Anunzio" [*sic*].

[13]

EL PAÍS DEL SOL

Para una artista cubana.

Junto al negro palacio del rey de la isla de Hierro
—(¡oh, cruel, horrible destierro!)— ¿cómo es que tú,
hermana harmoniosa, haces cantar al cielo gris, tu pa-
jarera de ruiseñores, tu formidable caja musical? ¿No
te entristece recordar la primavera en que oíste a un
pájaro divino y tornasol
            en el país del sol?

En el jardín del rey de la isla Oro —(¡oh, mi
ensueño que adoro!)— fuera mejor que tú, harmoniosa hermana, amaestrases tus aladas flautas, tus sonoras arpas; tú que naciste donde más lindos nacen el
clavel de sangre y la rosa de arrebol,
            en el país del sol!

O en el alcázar de la reina de la isla de Plata
—(Schubert, solloza la *Serenata*...)— pudieras también, hermana harmoniosa, hacer que las místicas
aves de tu alma alabasen dulce, dulcemente, el claro
de luna, los vírgenes lirios, la monja paloma y el cisne marqués. La mejor plata se funde en un ardiente   5
crisol,
en el país del sol!

Vuelve, pues, a tu barca, que tiene lista la vela —(resuena, lira, Céfiro, vuela)— y parte, harmoniosa hermana, adonde un príncipe bello, a la orilla del mar,
pide liras, y versos y rosas, y acaricia sus rizos de oro
bajo un regio y azul parasol,
en el país del sol!

New York, 1893.

Según el autor, la "artista cubana" era una eximia ejecutante del
arpa (*Autobiografías,* p. 108). Para Mejía Sánchez, 1977 (p. lxiii)
se trata, probablemente, de la pianista portorriqueña Ana Otero,
del círculo de allegados a Martí en Nueva York.

Bibl.: Henríquez Ureña, 1916 (cap. II); Gershator, 1969-1970.

[14]

MARGARITA

In memoriam...

¿Recuerdas que querías ser una Margarita
Gautier? Fijo en mi mente tu extraño rostro está,
cuando cenamos juntos, en la primera cita,
en una noche alegre que nunca volverá.

Tus labios escarlatas de púrpura maldita   5
sorbían el champaña del fino baccarat;
tus dedos deshojaban la blanca margarita,
"Sí... no... sí... no..." ¡y sabías que te adoraba ya!

Después, ¡oh flor de Histeria! llorabas y reías;
tus besos y tus lágrimas tuve en mi boca yo;
tus risas, tus fragancias, tus quejas, eran mías.

Y en una tarde triste de los más dulces días,
la Muerte, la celosa, por ver si me querías,
¡como a una margarita de amor, te deshojó!

Almanaque Peuser para el año 1895 (Buenos Aires), p. 58.
Tít.: "In Memoriam".

Bibl.: Taupin, 1963; Wold, 1974.

[15]

MÍA

Mía: así te llamas.
¿Qué más harmonía?
Mía: luz del día,
Mía: rosas, llamas.

¡Qué aroma derramas   5
en el alma mía
si sé que me amas!
¡Oh Mía! ¡Oh Mía!

Tu sexo fundiste
con mi sexo fuerte,   10
fundiendo dos bronces.

Yo triste, tú triste...
¿No has de ser entonces
mía hasta la muerte?

Buenos Aires (Bs. As.), III, 91 (3 de enero de 1897), pp. 7-8.
La versión original se publica cuatro días antes de que se termine
de imprimir el libro. Unifica este poema y "Dice Mía" según el

[16]

DICE MÍA

—Mi pobre alma pálida
era una crisálida.
Luego, mariposa
de color de rosa.

---

texto que consignamos a continuación, y que diverge del recogido en *BA, 1896,* y *P, 1901.*

MIA

I

Mía: así te llamas.
¿Qué más harmonía?
Mía: luz del día!
Mía: rosas, llamas.
¡Qué aroma derramas
en el alma mía!
¡Sí, sé que me amas!
¡Oh, Mía! ¡Oh, Mía!
Tu sexo fundiste
con mi sexo fuerte
fundiendo dos bronces;
y has de ser entonces,
yo triste, tú triste,
triste hasta la muerte!

II

Era una crisálida
su pobre alma pálida...
Luego mariposa
de color de rosa.
Después esqueleto.
Supo su secreto...

¿Has sabido tu secreto un día?
¡Oh, Mía!
Tu secreto es una
melodía de un rayo de luna!
Una melodía!...

Bibl.: Concha, 1967 (pp. 63-65); Feustle, 1974.

Un céfiro inquieto   5
dijo mi secreto...
—¿Has sabido tu secreto un día?

¡Oh Mía!
Tu secreto es una
melodía en un rayo de luna...   10
—¿Una melodía?

Para este poema, v. notas a "Mía".

[17]

HERALDOS

¡Helena!
La anuncia el blancor de un cisne.

¡Makheda!
La anuncia un pavo real.

¡Ifigenia, Electra, Catalina!   5
Anúncialas un caballero con un hacha.

¡Ruth, Lía, Enone!
Anúncialas un paje con un lirio.

¡Yolanda!
Anúnciala una paloma.   10

¡Clorinda, Carolina!
Anúncialas un paje con un ramo de viña.

¡Sylvia!
Anúnciala una corza blanca.

¡Aurora, Isabel!   15
Anúncialas de pronto
un resplandor que ciega mis ojos.

¿Ella?
(No la anuncian. No llega aún).

Buenos Aires (Bs. As.), 89 (20 de noviembre de 1896).
Esta versión es también contemporánea (como la de "Mía" y
  "Dice mía") a la entrega del libro a la imprenta. Igualmente,
  llama la atención la divergencia de ambas lecciones.

v. 3: "Maked*h*a".
v. 5: "¡Electra! ¡Ifigenia! *¡Judith!*".
v. 7: "*¡Inés!* ¡Lía! ¡Ruth!".
v. 10: ¡*Rosalina,* Carolina!".
v. 11: "...un ramo de *uvas.*".
vv. 13-14: "Anúnciala una corza y *el compás del tambor de mi
  corazón.* ¡Sylvia!".
vv. 15-17: "¡Isabel! ¡Aurora!
  Anúncialas de pronto un resplandor que ciega mis ojos."
Entre vv. 6 y 7: "*¡Sancha! ¡Bertranda! ¡Emelos!*
  Anúncialas un halcón...;".
Entre vv. 10-11: "*¡Stella!*
  Anúnciala un rayo de luna."

Bibl.: Lorenz, 1960 (pp. 107-111); Hurtado Chamorro, 1970.

[18]

ITE, MISSA EST

A Reynaldo de Rafael

Yo adoro a una sonámbula con alma de Eloísa
virgen como la nieve y honda como la mar;
su espíritu es la hostia de mi amorosa misa
y alzo al son de una dulce lira crepuscular.

Ojos de evocadora, gesto de profetisa,   5
en ella hay la sagrada frecuencia del altar;
su risa es la sonrisa suave de Monna Lisa,
sus labios son los únicos labios para besar.

Y he de besarla un día con rojo beso ardiente;
apoyada en mi brazo como convaleciente   10
me mirará asombrada con íntimo pavor;

la enamorada esfinge quedará estupefacta,
apagaré la llama de la vestal intacta
¡y la faunesa antigua me rugirá de amor!

BA, 1896.
v. 4: *"que* alzo...".

Bibl.: Forcadas, 1972; Montes, 1975 (pp. 76-78).

COLOQUIO DE LOS CENTAUROS

A Paul Groussac

[19]

COLOQUIO DE LOS CENTAUROS

En la isla en que detiene su esquife el argonauta
del inmortal Ensueño, donde la eterna pauta
de las eternas liras se escucha —Isla de Oro
en que el tritón elige su caracol sonoro
y la sirena blanca va a ver el sol... un día   5
se oye un tropel vibrante de fuerza y de armonía.

Son los Centauros. Cubren la llanura. Les siente
la montaña. De lejos, forman son de torrente
que cae; su galope al aire que reposa
despierta, y estremece la hoja del laurel-rosa.   10

Son los Centauros. Unos enormes, rudos; otros
alegres y saltantes como jóvenes potros;
unos con largas barbas como los padres-ríos;
otros imberbes, ágiles y de piafantes bríos,
y de robustos músculos, brazos y lomos aptos   15
para portar las ninfas rosadas en los raptos.

Van en galope rítmico. Junto a un fresco boscaje,
frente al gran Oceano, se paran. El paisaje
recibe de la urna matinal luz sagrada
que el vasto azul suaviza con límpida mirada.   20

Y oyen seres terrestres y habitantes marinos
la voz de los crinados cuadrúpedos divinos.

QUIRÓN

Calladas las bocinas a los tritones gratas,
calladas las sirenas de labios escarlatas,
los carrillos de Eolo desinflados, digamos   25
junto al laurel ilustre de florecidos ramos
la gloria inmarcesible de las Musas hermosas
y el triunfo del terrible misterio de las cosas.
He aquí que renacen los lauros milenarios;
vuelven a dar su lumbre los viejos lampadarios;   30
y anímase en mi cuerpo de Centauro inmortal
la sangre del celeste caballo paternal.

RETO

Arquero luminoso, desde el zodiaco llegas;
aún presas en las crines tienes abejas griegas;
aún del dardo herakleo muestras la roja herida   35
por do salir no pudo la esencia de tu vida.
¡Padre y Maestro excelso! Eres la fuente sana
de la verdad que busca la triste raza humana:
aún Esculapio sigue la vena de tu ciencia;
siempre el veloz Aquiles sustenta su existencia   40
con el manjar salvaje que le ofreciste un día,
y Herakles, descuidando su maza, en la harmonía
de los astros, se eleva bajo el cielo nocturno...

QUIRÓN

La ciencia es flor del tiempo: mi padre fue Saturno.

ABANTES

Himnos a la sagrada Naturaleza; al vientre   45
de la tierra y al germen que entre las rocas y entre
las carnes de los árboles, y dentro humana forma
es un mismo secreto y es una misma norma,
potente y sutilísimo, universal resumen
de la suprema fuerza, de la virtud del Numen.   50

QUIRÓN

¡Himnos! Las cosas tienen un ser vital: las cosas
tienen raros aspectos, miradas misteriosas;
toda forma es un gesto, una cifra, un enigma;
en cada átomo existe un incógnito estigma;
cada hoja de cada árbol canta un propio cantar   55
y hay un alma en cada una de las gotas del mar;
el vate, el sacerdote, suele oír el acento
desconocido; a veces enuncia el vago viento
un misterio; y revela una inicial la espuma
o la flor; y se escuchan palabras de la bruma.   60
Y el hombre favorito del numen, en la linfa
o la ráfaga, encuentra mentor; —demonio o ninfa.

FOLO

El biforme ixionida comprende de la altura,
por la materna gracia, la lumbre que fulgura,
la nube que se anima de luz y que decora   65
el pavimento en donde rige su carro Aurora,
y la banda de Iris que tiene siete rayos
cual la lira en sus brazos siete cuerdas; los mayos
en la fragante tierra llenos de ramos bellos,
y el Polo coronado de cándidos cabellos.   70
El ixionida pasa veloz por la montaña
rompiendo con el pecho de la maleza huraña
los erizados brazos, las cárceles hostiles;
escuchan sus orejas los ecos más sutiles:
sus ojos atraviesan las intrincadas hojas   75
mientras sus manos toman para sus bocas rojas
las frescas bayas altas que el sátiro codicia;
junto a la oculta fuente su mirada acaricia
las curvas de las ninfas del séquito de Diana;
pues en su cuerpo corre también la esencia humana   80
unida a la corriente de la savia divina
y a la salvaje sangre que hay en la bestia equina.
Tal el hijo robusto de Ixión y de la Nube.

QUIRÓN

Sus cuatro patas, bajan; su testa erguida, sube.

ORNEO

Yo comprendo el secreto de la bestia. Malignos   85
seres hay y benignos. Entre ellos se hacen signos
de bien y mal, de odio o de amor, o de pena
o gozo: el cuervo es malo y la torcaz es buena.

QUIRÓN

Ni es la torcaz benigna, ni es el cuervo protervo:
son formas del Enigma la paloma y el cuervo.   90

ASTILO

El Enigma es el soplo que hace cantar la lira.

NESO

¡El Enigma es el rostro fatal de Deyanira!
Mi espalda aún guarda el dulce perfume de la Bella;
aún mis pupilas llama su claridad de estrella.
¡Oh aroma de su sexo! ¡Oh rosas y alabastros!   95
¡Oh envidias de las flores y celos de los astros!

QUIRÓN

Cuando del sacro abuelo la sangre luminosa
con la marina espuma formara nieve y rosa,
hecha de rosa y nieve nació la Anadiomena.
Al cielo alzó los brazos la lírica sirena,   100
los curvos hipocampos sobre las verdes ondas
levaron los hocicos; y caderas redondas,
tritónicas melenas y dorsos de delfines
junto a la Reina nueva se vieron. Los confines
del mar llenó el grandioso clamor; el universo   105
sintió que un nombre harmónico, sonoro como un verso
llenaba el hondo hueco de la altura; ese nombre
hizo gemir la tierra de amor: fue para el hombre
más alto que el de Jove: y los númenes mismos
lo oyeron asombrados; los lóbregos abismos   110
tuvieron una gracia de luz. ¡*Venus* impera!
Ella es entre las reinas celestes la primera,
pues es quien tiene el fuerte poder de la Hermosura.
¡Vaso de miel y mirra brotó de la amargura!

Ella es la más gallarda de las emperatrices;   115
princesa de los gérmenes, reina de las matrices,
señora de las savias y de las atracciones,
señora de los besos y de los corazones.

EURITO

¡No olvidaré los ojos radiantes de Hipodamia!

HIPEA

Yo sé de la hembra humana la original infamia.   120
Venus anima artera sus máquinas fatales,
tras sus radiantes ojos ríen traidores males,
de su floral perfume se exhala sutil daño;
su cráneo obscuro alberga bestialidad y engaño.
Tiene las formas puras del ánfora, y la risa   125
del agua que la brisa riza y el sol irisa;
mas la ponzoña ingénita su máscara pregona:
mejores son el águila, la yegua y la leona.
De su húmeda impureza brota el calor que enerva
los mismos sacros dones de la imperial Minerva;   130
y entre sus duros pechos, lirios del Aqueronte,
hay un olor que llena la barca de Caronte.

ODITES

Como una miel celeste hay en su lengua fina;
su piel de flor aún húmeda está de agua marina.
Yo he visto de Hipodamia la faz encantadora,   135
la cabellera espesa, la pierna vencedora.
Ella de la hembra humana fuera ejemplar augusto;
ante su rostro olímpico no habría rostro adusto;
las Gracias junto a ella quedarían confusas,
y las ligeras Horas y las sublimes Musas   140
por ella detuvieran sus giros y su canto.

HIPEA

Ella la causa fuera de inenarrable espanto:
por ella el ixionida dobló su cuello fuerte.
La hembra humana es hermana del Dolor y la Muerte.

QUIRÓN

Por suma ley un día llegará el himeneo   145
que el soñador aguarda: Cinis será Ceneo;
claro será el origen del femenino arcano:
la Esfinge tal secreto dirá a su soberano.

CLITO

Naturaleza tiende sus brazos y sus pechos
a los humanos seres; la clave de los hechos   150
conócela el vidente; Homero con su báculo,
en su gruta Deifobe, la lengua del Oráculo.

CAUMANTES

El monstruo expresa un ansia del corazón del Orbe,
en el Centauro el bruto la vida humana absorbe,
el sátiro es la selva sagrada y la lujuria,   155
une sexuales ímpetus a la harmoniosa furia.
Pan junta la soberbia de la montaña agreste
al ritmo de la inmensa mecánica celeste;
la boca melodiosa que atrae en Sirenusa
es de la fiera alada y es de la suave musa;   160
con la bicorne bestia Pasifae se ayunta,
Naturaleza sabia formas diversas junta,
y cuando tiende al hombre la gran Naturaleza,
el monstruo, siendo el símbolo, se viste de belleza.

GRINEO

Yo amo lo inanimado que amó el divino Hesiodo.   165

QUIRÓN

Grineo, sobre el mundo tiene un ánima todo.

GRINEO

He visto, entonces, raros ojos fijos en mí:
los vivos ojos rojos del alma del rubí;
los ojos luminosos del alma del topacio
y los de la esmeralda que del azul espacio   170
la maravilla imitan; los ojos de las gemas
de brillos peregrinos y mágicos emblemas.
Amo el granito duro que el arquitecto labra
y el mármol en que duermen la línea y la palabra...

QUIRÓN

A Deucalión y a Pirra, varones y mujeres   175
las piedras aún intactas dijeron: "¿Qué nos quieres?"

LÍCIDAS

Yo he visto los lemures flotar, en los nocturnos
instantes, cuando escuchan los bosques taciturnos
el loco grito de Atis que su dolor revela
o la maravillosa canción de Filomela.   180
El galope apresuro, si en el boscaje miro
manes que pasan, y oigo su fúnebre suspiro.
Pues de la Muerte el hondo, desconocido Imperio,
guarda el pavor sagrado de su fatal misterio.

ORNEO

La Muerte es de la Vida la inseparable hermana.   185

QUIRÓN

La Muerte es la victoria de la progenie humana.

MEDÓN

¡La Muerte! Yo la he visto. No es demacrada y mustia
ni ase corva guadaña, ni tiene faz de angustia.
Es semejante a Diana, casta y virgen como ella;
en su rostro hay la gracia de la núbil doncella   190
y lleva una guirnalda de rosas siderales.
En su siniestra tiene verdes palmas triunfales,
y en su diestra una copa con agua del olvido.
A sus pies, como un perro, yace un amor dormido.

AMICO

Los mismos dioses buscan la dulce paz que vierte.   195

QUIRÓN

La pena de los dioses es no alcanzar la Muerte.

EURITO

Si el hombre —Prometeo— pudo robar la vida,
la clave de la muerte serále concedida.

QUIRÓN

La virgen de las vírgenes es inviolable y pura.
Nadie su casto cuerpo tendrá en la alcoba obscura,   200
ni beberá en sus labios el grito de victoria,
ni arrancará a su frente las rosas de su gloria.
....

* * *

Mas he aquí que Apolo se acerca al meridiano.
Sus truenos prolongados repite el Oceano;
bajo el dorado carro del reluciente Apolo   205
vuelve a inflar sus carrillos y sus odres Eolo.
A lo lejos, un templo de mármol se divisa
entre laureles-rosa que hace cantar la brisa.
Con sus vibrantes notas de Céfiro desgarra
la veste transparente la helénica cigarra,   210
y por el llano extenso van en tropel sonoro
los Centauros, y al paso, tiembla la Isla de Oro.

La Biblioteca (Bs. As.), I, 2 (julio 1896), pp. 258-267.
v. 3: "se escucha:".
v. 5: "sol,".
v. 6: "*h*armonía".
v. 74: "sutiles;".
Entre los vv. 128-129 hay un blanco de separación de versos que
     desaparece en posteriores eds.
v. 153: "Orbe.".
v. 161: "ayunta.".
v. 182: "*u* oigo".
En esta primera versión, hay tres erratas que se trasladan también
     a *BA, 1896,* y *P, 1901*:
v. 42: *masa* por maza.
Entre vv. 184-185: *A*rneo por Orneo.
Entre vv. 196-197: Eur*e*to por Eurito.
Respetamos *C*aumantes (por Taumantes) que está ya en la versión
     de Ovidio de Sánchez de Viana.
Bibl.: Marasso, 1927-1934 [con copia de MS de un borrador, con
     variantes que recoge Méndez Plancarte y Oliver Belmás, 1968,
     pp. 1183-1184] y 1951; Maiorana, 1957; Faurie, 1966, Du-
     rand, 1967; Echevarría, 1969; Oribe, 1969; Hinterhauser, 1969;
     Feustle, 1977.

[III]

VARIA

A Luis Berisso

[20]

EL POETA PREGUNTA POR STELLA

Lirio divino, lirio de las Anunciaciones;
lirio, florido príncipe,
hermano perfumado de las estrellas castas,
joya de los abriles.

A ti las blancas dianas de los parques ducales,   5
los cuellos de los cisnes,
las místicas estrofas de cánticos celestes
y en el sagrado empíreo la mano de las vírgenes.

Lirio, boca de nieve donde sus dulces labios
la primavera imprime,   10
en tus venas no corre, la sangre de las rosas pecadoras,
sino el ícor excelso de las flores insignes.

Lirio real y lírico
que naces con la albura de las hostias sublimes
de las cándidas perlas   15
y del lino sin mácula de las sobrepellices,
¿has visto acaso el vuelo del alma de mi Stella,
la hermana de Ligeia, por quien mi canto a veces es
                                          [tan triste?

La Tribuna (Bs. As.), 9 de octubre de 1893.
Tít.: "Lilial".

[21]

PÓRTICO [1]

Libre la frente que el casco rehusa,
casi desnuda en la gloria del día,
alza su tirso de rosas la musa
bajo el gran sol de la eterna Harmonía.

Es Floreal, eres tú, Primavera,   5
quien la sandalia calzó a su pie breve;
ella, de tristes nostalgias muriera
en el país de los cisnes de nieve.

Griega es su sangre, su abuelo era ciego;
sobre la cumbre del Pindo sonoro   10
el sagitario del carro de fuego
puso en su lira las cuerdas de oro.

Y bajo el pórtico blanco de Paros,
y en los boscajes de frescos laureles,
Píndaro diole sus ritmos preclaros,   15
diole Anacreonte sus vinos y mieles.

Toda desnuda, en los claros diamantes
que en la Castalia recaman las linfas,
viéronla tropas de faunos saltantes,
cual la más fresca y gentil de las ninfas.   20

Y en la fragante, harmoniosa floresta,
puesto a los ecos su oído de musa,
Pan sorprendióla escuchando la orquesta
que él daba al viento con su cornamusa.

Ella resurge después en el Lacio,   25
siendo del tedio su lengua exterminio;
lleva a sus labios la copa de Horacio,
bebe falerno en su ebúrneo triclinio.

[1] Para el libro *En tropel,* del poeta español Salvador Rueda,
1892.

Pájaro errante, ideal golondrina,
vuela de Arabia a un confín solitario,   30
y ve pasar en su torre argentina
a un rey de Oriente sobre un dromedario;

rey misterioso, magnífico y mago,
dueño opulento de cien Estambules,
y a quien un genio brindara en un lago   35
góndolas de oro en las aguas azules.

Ése es el rey más hermoso que el día,
que abre a la musa las puertas de Oriente;
ése es el rey del país Fantasía,
que lleva un claro lucero en la frente.   40

Es en Oriente donde ella se inspira
en las moriscas exóticas zambras;
donde primero contempla y admira
las cinceladas divinas alhambras;

las muelles danzas en las alcatifas   45
donde la mora sus velos desata,
los pensativos y viejos kalifas
de ojos obscuros y barbas de plata.

Es una bella y alegre mañana
cuando su vuelo la musa confía   50
a una errabunda y fugaz caravana
que hace del viento su brújula y guía.

Era la errante familia bohemia,
sabia en extraños conjuros y estigmas,
que une en su boca plegaria y blasfemia,   55
nombres sonoros y raros enigmas;

que ama los largos y negros cabellos,
danzas lascivas y finos puñales,
ojos llameantes de vivos destellos,
flores sangrientas de labios carnales.   60

Y con la gente morena y huraña
que a los caprichos del aire se entrega,
hace su entrada triunfal en España
fresca y riente la rítmica griega.

Mira las cumbres de Sierra Nevada,   65
las bocas rojas de Málaga, lindas,
y en un pandero su mano rosada
fresas recoge, claveles y guindas.

Canta y resuena su verso de oro,
ve de Sevilla las hembras de llama,   70
sueña y habita en la Alhambra del moro;
y en sus cabellos perfumes derrama.

Busca del pueblo las penas, las flores,
mantos bordados de alhajas de seda,
y la guitarra que sabe de amores,   75
cálida y triste querida de Rueda;

(urna amorosa de voz femenina,
caja de música de duelo y placer:
tiene el acento de un alma divina,
talle y caderas como una mujer).   80

Va del tablado flamenco a la orilla
y ase en sus palmas los crótalos negros,
mientras derrocha la audaz seguidilla
bruscos acordes y raudos alegros.

Ritma los pasos, modula los sones,   85
ebria risueña de un vino de luz,
hace que brillen los ojos gachones,
negros diamantes del patio andaluz.

Campo y pleno aire refrescan sus alas;
ama los nidos, las cumbres, las cimas;   90
vuelve del campo vestida de galas,
cuelga a su cuello collares de rimas.

En su tesoro de reina de Saba,
guarda en secreto celestes emblemas;
flechas de fuego en su mágica aljaba,   95
perlas, rubíes, zafiros y gemas.

Tiene una corte pomposa de majas,
suya es la chula de rostro risueño,
suyas las juergas, las curvas navajas
ebrias de sangre y licor malagueño.   100

Tiene por templo un alcázar marmóreo,
guárdalo esfinge de rostro egipciaco,
y cual labrada en un bloque hiperbóreo,
Venus enfrente de un triunfo de Baco,

dentro presenta sus formas de nieve,   105
brinda su amable sonrisa de piedra,
mientras se enlaza en un bajo-relieve
a una driada ceñida de hiedra,

un joven fauno robusto y violento,
dulce terror de las ninfas incautas,   110
al son triunfante que lanzan al viento
tímpanos, liras y sistros y flautas.

Ornan los muros mosaicos y frescos,
áureos pedazos de un sol fragmentario,
iris trenzados en mil arabescos,   115
joyas de un hábil cincel lapidario.

Y de la eterna Belleza en el ara,
ante su sacra y grandiosa escultura,
hay una lámpara en albo carrara,
de una eucarística y casta blancura.   120

Fuera, el frondoso jardín del poeta
ríe en su fresca y gentil hermosura;
ágata, perla, amatista, violeta,
verdor eclógico y tibia espesura.

Una andaluza despliega su manto   125
para el poeta de música eximia;
rústicos Títiros cantan su canto;
bulle el hervor de la alegre vendimia.

Ya es un tropel de bacantes modernas
el que despierta las locas lujurias;   130
ya húmeda y triste de lágrimas tiernas,
da su gemido la gaita de Asturias.

Francas fanfarrias de cobres sonoros,
labios quemantes de humanas sirenas,
ocres y rojos de plazas de toros,   135
fuegos y chispas de locas verbenas.

* * *

Joven homérida, un día su tierra
viole que alzaba soberbio estandarte,
buen capitán de la lírica guerra,
regio cruzado del reino del arte.   140

Viole con yelmo de acero brillante,
rica armadura sonora a su paso,
firme tizona, broncíneo olifante,
listo y piafante su excelso pegaso.

Y de la brega tornar viole un día   145
de su victoria en los bravos tropeles,
bajo el gran sol de la eterna Harmonía,
dueño de verdes y nobles laureles.

Fue aborrecido de Zoilo, el verdugo.
Fue por la gloria su estrella encendida.   150
Y esto pasó en el reinado de Hugo,
emperador de la barba florida.

Aunque el libro de Salvador Rueda lleva la fecha de 1893, ya en
1892 pudo circular (Mejía Sánchez, 1977). Según carta de Rueda
a Salterain y Herrera [1959], el título original era "La musa de

[22]

* ### ELOGIO DE LA SEGUIDILLA

Metro mágico y rico que al alma expresas
llameantes alegrías, penas arcanas,
desde en los suaves labios de las princesas
hasta en las bocas rojas de las gitanas.

Las almas harmoniosas buscan tu encanto,　　5
sonora rosa métrica que ardes y brillas,
y España ve en tu ritmo, siente en tu canto
sus hembras, sus claveles, sus manzanillas.

Vibras al aire alegre como una cinta,
el músico te adula, te ama el poeta;　　　　10
Rueda en ti sus fogosos paisajes pinta
con la audaz policromía de su paleta.

En ti el hábil orfebre cincela el marco
en que la idea-perla su oriente acusa,
o en su cordaje harmónico formas el arco　　15
con que lanza sus flechas la airada musa.

A tu voz en el baile crujen las faldas,
los piececitos hacen brotar las rosas
e hilan hebras de amores las Esmeraldas
en ruecas invisibles y misteriosas.　　　　20

Rueda" y así figuraba en el MS que el poeta español le regaló
a Andrés González Blanco.
1892: Salvador Rueda, *En tropel* (Madrid: 1893), pp. I-VII.
v. 21: "armoniosa".
v. 32: "dromedario".
v. 54: "estigmas".
v. 56: "enigmas".
v. 101: "marmóreo".
v. 107: "bajo relieve".
v. 117: "*belleza*".

Bibl.: Henríquez Ureña, 1919 (p. 329); Salterain y Herrera, 1959;
Sánchez Castañer, 1973-1974 (pp. 205-212).

La andaluza hechicera, paloma arisca,
por ti irradia, se agita, vibra y se quiebra,
con el lánguido gesto de la odalisca
o las fascinaciones de la culebra.

Pequeña ánfora lírica de vino llena   25
compuesto por la dulce musa Alegría
con uvas andaluzas, sal macarena,
flor y canela frescas de Andalucía.

Subes, creces y vistes de pompas fieras;
retumbas en el ruido de las metrallas,   30
ondulas con el ala de las banderas,
suenas con los clarines de las batallas.

Tienes toda la lira; tienes las manos
que acompasan las danzas y las canciones;
tus órganos, tus prosas, tus cantos llanos   35
y tus llantos que parten los corazones.

Ramillete de dulces trinos verbales,
jabalina de Diana la Cazadora,
ritmo que tiene el filo de cien puñales,
que muerde y acaricia, mata y enflora.   40

Las Tirsis campesinas de ti están llenas,
y aman, radiosa abeja, tus bordoneos;
así riegas tus chispas las nochebuenas
como adornas la lira de los Orfeos.

Que bajo el sol dorado de Manzanilla   45
que esta azulada concha del cielo baña,
polífona y triunfante, la seguidilla
es la flor del sonoro Pindo de España.

Madrid, 1892

Guatemala Ilustrada (Guatemala), 27 de noviembre de 1892. (Dato
    Mejía Sánchez, 1977.)
El Partido Liberal (México), 22 de enero de 1893, p. 2.
Tít.: "Canciones de España. A la seguidilla".

[23]

EL CISNE

A Ch. Del Gouffre

Fue en una hora divina para el género humano.
El Cisne antes cantaba sólo para morir.
Cuando se oyó el acento del Cisne wagneriano
fue en medio de una aurora, fue para revivir.

Sobre las tempestades del humano oceano   5
se oye el canto del Cisne; no se cesa de oír,
dominando el martillo del viejo Thor germano
o las trompas que cantan la espada de Argantir.

¡Oh Cisne! ¡Oh sacro pájaro! Si antes la blanca Helena
del huevo azul de Leda brotó de gracia llena,   10
siendo de la Hermosura la princesa inmortal,

bajo tus blancas alas la nueva Poesía
concibe en una gloria de luz y de harmonía
la Helena eterna y pura que encarna el ideal.

Está compuesto dividiendo los dodecasílabos en versos de 7 y 5,
según el régimen de la seguidilla. La unificación de versos se
verifica desde *BA, 1896*.
v. 5: "armoniosas".
v. 7: "y *el pueblo* ve...".
v. 15: "armónico".
v. 19: "*e*smeraldas".
v. 33: "¡Tienes toda la lira!...".
v. 35: "tus *cantollanos*...".
v. 41: "*Tírseis*".
v. 43: "riega*n*".
v. 45: "*m*anzanilla".
v. 48: "del *soberbio* Pindo...".
P, 1901.
v. 57: err. "polí*t*ona".

Bibl.: Sánchez Castañer, 1973-1974 (pp. 212-215).

[24]

LA PÁGINA BLANCA

A. A. Lamberti

Mis ojos miraban en hora de ensueños
la página blanca.

Y vino el desfile de ensueños y sombras.
Y fueron mujeres de rostros de estatua,
mujeres de rostros de estatuas de mármol,   5
¡tan tristes, tan dulces, tan suaves, tan pálidas!

Y fueron visiones de extraños poemas,
de extraños poemas de besos y lágrimas,
¡de historias que dejan en crueles instantes
las testas viriles cubiertas de canas!   10

¡Qué cascos de nieve que pone la suerte!
¡Qué arrugas precoces cincela en la cara!
¡Y cómo se quiere que vayan ligeros
los tardos camellos de la caravana!

Los tardos camellos   15
—como las figuras en un panorama—,
cual si fuese un desierto de hielo,
atraviesan la página blanca.

Éste lleva
una carga   20
de dolores y angustias antiguas,
angustias de pueblos, dolores de razas;
¡dolores y angustias que sufren los Cristos
que vienen al mundo de víctimas trágicas!

Poema contemporáneo a los de "Wagneriana": "Lohengrín" y "Parsifal" [1895], según Méndez Plancarte y Oliver Belmás, 1968, p. 1212.

Bibl.: Balseiro, 1967; López Estrada, 1971 (pp. 31-36); Hennis, 1974.

Otro lleva   25
en la espalda
el cofre de ensueños, de perlas y oro,
que conduce la Reina de Saba.

Otro lleva
una caja   30
en que va, dolorosa difunta,
como un muerto lirio la pobre Esperanza.

Y camina sobre un dromedario
la Pálida,
la vestida de ropas obscuras,   35
la Reina invencible, la bella inviolada:
la Muerte.

Y el hombre,
a quien duras visiones asaltan,
el que encuentra en los astros del cielo   40
prodigios que abruman y signos que espantan,
mira al dromedario
de la caravana
como el mensajero que la luz conduce,
¡en el vago desierto que forma
la página blanca!   45

Argentina, II, 1 (10 de septiembre de 1895).
v. 36: "la *doncella* inviolada:".

Bibl.: Henríquez Ureña, 1916 (cap. II).

[25]

AÑO NUEVO

A. J. Piquet

A las doce de la noche por las puertas de la gloria
y al fulgor de perla y oro de una luz extraterrestre,
sale en hombros de cuatro ángeles, y en su silla gestatoria,
San Silvestre.

Más hermoso que un rey mago, lleva puesta la tiara,   5
de que son bellos diamantes Sirio, Arturo y Orión;
y el anillo de su diestra, hecho cual si fuese para
                    Salomón.

Sus pies cubren los joyeles de la Osa adamantina,
y su capa raras piedras de una ilustre Visapur;   10
y colgada sobre el pecho resplandece la divina
                    Cruz del Sur.

Va el pontífice hacia Oriente ¿va a encontrar el áureo
                                              [barco, ·
donde al brillo de la aurora viene en triunfo el rey Enero?
Ya la aljaba de Diciembre se fue toda por el arco   15
                    del Arquero.

A la orilla del abismo misterioso de lo Eterno
el inmenso Sagitario no se cansa de flechar;
le sustenta el frío Polo, lo corona el blanco Invierno,
y le cubre los riñones el vellón azul del mar.   20

Cada flecha que dispara, cada flecha es una hora;
doce aljabas, cada año, para él trae el rey Enero;
en la sombra se destaca la figura vencedora
                    del Arquero.

Al redor de la figura del gigante se oye el vuelo   25
misterioso y fugitivo de las almas que se van,
y el ruido con que pasa por la bóveda del cielo
con sus alas membranosas el murciélago Satán.

San Silvestre bajo el palio de un zodiaco de virtudes,
del celeste Vaticano se detiene en los umbrales   30
mientras himnos y motetes canta un coro de laúdes
                    inmortales.

Reza el santo y pontifica; y al mirar que viene el barco
donde en triunfo llega Enero,
ante Dios bendice al mundo; y su brazo abarca el arco 35
                    y el Arquero.

[26]

SINFONÍA EN GRIS MAYOR

El mar como un vasto cristal azogado
refleja la lámina de un cielo de zinc;
lejanas bandadas de pájaros manchan
el fondo bruñido de pálido gris.

El sol como un vidrio redondo y opaco   5
con paso de enfermo camina al cenit;
el viento marino descansa en la sombra
teniendo de almohada su negro clarín.

Las ondas que mueven su vientre de plomo
debajo del muelle parecen gemir.   10
Sentado en un cable, fumando su pipa,
está un marinero pensando en las playas
de un vago, lejano, brumoso país.

Es viejo ese lobo. Tostaron su cara
los rayos de fuego del sol del Brasil;   15
los recios tifones del mar de la China
le han visto bebiendo su frasco de gin.

La espuma impregnada de yodo y salitre
ha tiempo conoce su roja nariz,
sus crespos cabellos, sus bíceps de atleta,   20
su gorra de lona, su blusa de dril.

En medio del humo que forma el tabaco
ve el viejo el lejano, brumoso país,
adonde una tarde caliente y dorada
tendidas las velas partió el bergantín...   25

La Tribuna (Bs. As.), 2 de enero de 1894.
Tít.: "Mensaje de Año Nuevo".
No lleva la dedicatoria que figura desde *BA, 1896*.
Firma: "Des Esseintes".

La siesta del trópico. El lobo se aduerme.
Ya todo lo envuelve la gama del gris.
Parece que un suave y enorme esfumino
del curvo horizonte borrara el confín.

La siesta del trópico. La vieja cigarra   30
ensaya su ronca guitarra senil,
y el grillo preludia un solo monótono
en la única cuerda que está en su violín.

El Correo de la Tarde (Guatemala), 21 de febrero de 1891.
Epígrafe: "El libro *Trópico*".
En Buenos Aires lo publica en el art. "Charla de verano", *La Tribuna,* 8 de enero de 1894 (Mapes, 1938).

Bibl.: Avrett, 1960; Lorenz, 1967; Olivera, 1967; Trueblood, 1967; Balza, 1967; Diaconescu, 1973-1974; Dobrian, 1974; Mickel, 1979.

[27]

LA DEA

A Alberto Ghiraldo

Alberto, en el propíleo del templo soberano
donde Renán rezaba, Verlaine cantado hubiera.
Primavera una rosa de amor tiene en la mano
y cerca de la joven y dulce Primavera.

Término su sonrisa de piedra brinda en vano   5
a la desnuda náyade y a la ninfa hechicera
que viene a la soberbia fiesta de la pradera
y del boscaje, en busca del lírico Sylvano.

Sobre su altar de oro se levanta la Dea,
—tal en su aspecto icónico la virgen bizantina— 10
toda belleza humana ante su luz es fea;

toda visión humana, a su luz es divina:
y ésa es la virtud sacra de la divina Idea
cuya alma es una sombra que todo lo ilumina.

[28]

EPITALAMIO BÁRBARO

A Lugones

El alba aún no aparece en su gloria de oro.
Canta el mar con la música de sus ninfas en coro
y el aliento del campo se va cuajando en bruma.
Teje la náyade el encaje de su espuma
y el bosque inicia el himno de sus flautas de pluma.   5
Es el momento en que el salvaje caballero
se ve pasar. La tribu aúlla y el ligero
caballo es un relámpago, veloz como una idea.
A su paso, asustada, se para la marea;
la náyade interrumpe la labor que ejecuta   10
y el director del bosque detiene la batuta.
—"¿Qué pasa?", desde el lecho pregunta Venus bella.
Y Apolo:
   —"Es Sagitario que ha robado una estrella."

✝

Verlaine

Á Ángel Estrada, poeta.

Rubén Darío, por Daniel Vázquez Díaz.

VERLAINE

A Angel Estrada, poeta

[29]

RESPONSO

Padre y maestro mágico, liróforo celeste
que al instrumento olímpico y a la siringa agreste
      diste tu acento encantador;
¡Panida! Pan tú mismo, que coros condujiste
hacia el propíleo sacro que amaba tu alma triste,   5
      ¡al son del sistro y del tambor!

Que tu sepulcro cubra de flores Primavera,
que se humedezca el áspero hocico de la fiera,
      de amor si pasa por allí;
que el fúnebre recinto visite Pan bicorne;   10
que de sangrientas rosas el fresco Abril te adorne
      y de claveles de rubí.

Que si posarse quiere sobre la tumba el cuervo,
ahuyenten la negrura del pájaro protervo,
      el dulce canto de cristal   15
que Filomela vierta sobre tus tristes huesos,
o la harmonía dulce de risas y de besos,
      de culto oculto y florestal.

Que púberes canéforas te ofrenden el acanto,
que sobre tu sepulcro no se derrame el llanto,   20

sino rocío, vino, miel:
que el pámpano allí brote, las flores de Citeres,
y que se escuchen vagos suspiros de mujeres
    ¡bajo un simbólico laurel!

Que si un pastor su pífano bajo el frescor del haya,   25
en amorosos días, como en Virgilio, ensaya,
    tu nombre ponga en la canción;
y que la virgen náyade, cuando ese nombre escuche,
con ansias y temores entre las linfas luche,
    llena de miedo y de pasión.   30

De noche, en la montaña, en la negra montaña
de las Visiones, pase gigante sombra extraña,
    sombra de un Sátiro espectral;
que ella al centauro adusto con su grandeza asuste;   35
de una extra-humana flauta la melodía ajuste
    a la harmonía sideral.

Y huya el tropel equino por la montaña vasta;
tu rostro de ultratumba bañe la luna casta
    de compasiva y blanca luz;
y el Sátiro contemple sobre un lejano monte,   40
una cruz que se eleve cubriendo el horizonte
    ¡y un resplandor sobre la cruz!

Argentina (Bs. As.), I, 8 (15 de enero de 1896).
Ded.: "Para el poeta Angel de Estrada, hijo".
Ilustr. alegórica de Ernesto de la Cárcova.
Cf. "Frontispicio del libro de *Los raros*" [1895], Mapes, 1938,
    pp. 79-80.

Bibl.: Estrada, 1916; Valbuena Briones, 1967; Trueblood, 1968.

[30]

CANTO DE LA SANGRE

A Miguel Escalada

Sangre de Abel. Clarín de las batallas.
Luchas fraternales; estruendos, horrores;
flotan las banderas, hieren las metrallas,
y visten la púrpura los emperadores.

Sangre del Cristo. El órgano sonoro.   5
La viña celeste da el celeste vino;
y en el labio sacro del cáliz de oro
las almas se abrevan del vino divino.

Sangre de los martirios. El salterio.
Hogueras; leones, palmas vencedoras;   10
los heraldos rojos con que del misterio
vienen precedidas las grandes auroras.

Sangre que vierte el cazador. El cuerno.
Furias escarlatas y rojos destinos
forjan en las fraguas del oscuro Infierno   15
las fatales armas de los asesinos.

¡Oh sangre de las vírgenes! La lira.
Encanto de abejas y de mariposas.
La estrella de Venus desde el cielo mira
el purpúreo triunfo de las reinas rosas.   20

Sangre que la Ley vierte.
Tambor a la sordina.
Brotan las adelfas que riega la Muerte
y el rojo cometa que anuncia la ruina.

Sangre de los suicidas. Organillo. 25
Fanfarrias macabras, responsos corales,
con que de Saturno celébrase el brillo
en los manicomios y en los hospitales.

Revista de América (Bs. As.), I, 2 (3 de septiembre de 1894), 21.
Sin dedicatoria.
v. 14: "Destinos".
BA, 1896, y P, 1901.
Ded.: err. "Miguel *Estrada*".

Bibl.: Henríquez Ureña, 1916 (cap. 11); Lorenz, 1960 (pp. 94-97);
   Feustle, 1977.

[V]

RECREACIONES ARQUEOLÓGICAS

A Julio L. Jaimes

[31]

I

FRISO

Cabe una fresca viña de Corinto
que verde techo presta al simulacro
del Dios viril, que artífice de Atenas
en intacto pentélico labrara,
un día alegre, al deslumbrar el mundo   5
la harmonía del carro de la Aurora,
y en tanto que arrullaban sus ternezas
dos nevadas palomas venusinas
sobre rosal purpúreo y pintoresco,
como olímpica flor de gracia llena,   10
vi el bello rostro de la rubia Eunice.
No más gallarda se encamina al templo
canéfora gentil, ni más riente
llega la musa a quien favor prodiga
el divino Sminteo, que mi amada   15
al tender hacia mí sus tersos brazos.

* * *

Era la hora del supremo triunfo
concedido a mis lágrimas y ofrendas
por el poder de la celeste Cipris,
y era el ritmo potente de mi sangre   20

145

verso de fuego que al propicio numen
cantaba ardiente de la vida el himno.
Cuando mi boca en los bermejos labios
de mi princesa de cabellos de oro
licor bebía que afrentara al néctar,   25
por el sendero de fragantes mirtos
que guía al blanco pórtico del templo,
súbitas voces nuestras ansias turban.

* * *

Lírica procesión al viento esparce
los cánticos rituales de Dionisio,   30
el evohé de las triunfales fiestas,
la algazara que enciende con su risa
la impúber tropa de saltantes niños,
y el vivo son de músicas sonoras
que anima el coro de bacantes ebrias.   35
En el concurso báquico el primero,
regando rosas y tejiendo danzas,
garrido infante, de Eros por hermoso
émulo y par, risueño aparecía.
Y de él en pos las ménades ardientes,   40
al aire el busto en que su pompa erigen
pomas ebúrneas; en la mano el sistro,
y las curvas caderas mal veladas
por las flotantes, desceñidas ropas,
alzaban sus cabezas que en consorcio   45
circundaban la flor de Citerea
y el pámpano fragante de las viñas.
Aún me parece que mis ojos tornan
al cuadro lleno de color y fuerza:
dos robustos mancebos que los cabos   50
de cadenas metálicas empuñan,
y cuyo porte y músculos de Ares
divinos dones son, pintada fiera
que felino pezón nutrió en Hircania,
con gesto heroico entre la turba rigen;   55
y otros dos un leopardo cuyo cuello
gracias de Flora ciñen y perfuman

y cuyos ojos en las anchas cuencas
de furia henchidos sanguinosos giran.
Pétalos y uvas el sendero alfombran,   60
y desde el campo azul do el Sagitario
de coruscantes flechas resplandece,
las urnas de la luz la tierra bañan.

* * *

Pasó el tropel. En la cercana selva
lúgubre resonaba el grito de Atis,   65
triste pavor de la inviolada ninfa.
Deslizaba su paso misterioso
el apacible coro de las Horas.
Eco volvía la acordada queja
de la flauta de Pan. Joven gallardo,   70
más hermoso que Adonis y Narciso,
con el aire gentil de los efebos
y la lira en las manos, al boscaje
como lleno de luz se dirigía.
Amor pasó con su dorada antorcha.   75
Y no lejos del nido en que las aves,
las dos aves de Cipris, sus arrullos
cual tiernas rimas a los aires dieran,
fui más feliz que el luminoso cisne
que vio de Leda la inmortal blancura,   80
y Eunice pudo al templo de la diosa
purpúrea ofrenda y tórtolas amables
llevar el día en que mi regio triunfo
vio el Dios viril en mármol cincelado
cabe la fresca viña de Corinto.   85

La Ilustración Española y Americana (Madrid), 22 de noviembre
   de 1892, p. 359.
Ded.: "A Maurice du Plessis".
v. 3: "*dios*".
v. 6: "*armonía*".
v. 19: "Cipris".
v. 49: "fuerza".
v. 78: "dieran".
v. 80: "blancura".

[32]

II
PALIMPSESTO

Escrita en viejo dialecto eolio
hallé esta página dentro un infolio
y entre los libros de un monasterio
del venerable San Agustín.
Un fraile acaso puso el escolio   5
que allí se encuentra; dómine serio
de flacas manos y buen latín.
Hay sus lagunas.

       ...Cuando los toros
de las campañas, bajo los oros   10
que vierte el hijo de Hiperión,
pasan mugiendo, y en las eternas
rocas salvajes de las cavernas
esperezándose ruge el león;

   cuando en las vírgenes y verdes parras   15
sus secas notas dan las cigarras,
y en los panales de Himeto deja
su rubia carga la leve abeja
que en bocas rojas chupa la miel,
junto a los mirtos, bajo los lauros,   20
en grupo lírico van los centauros
con la harmonía de su tropel.

   Uno las patas rítmicas mueve,
otro alza el cuello con gallardía
como en hermoso bajo-relieve   25
que a golpes mágicos Scopas haría;
otro alza al aire las manos blancas
mientras le dora las finas ancas
con baño cálido la luz del sol;

v. 84: "*dios*".
BA, 1896.
v. 1: "*Junto a una*...".

y otro saltando piedras y troncos 30
va dando alegres sus gritos roncos
como el ruido de un caracol.

Silencio. Señas hace ligero
el que en la tropa va delantero;
porque a un recodo de la campaña 35
llegan en donde Diana se baña.
Se oye el ruido de claras linfas
y la algazara que hacen las ninfas.
Risa de plata que el aire riega
hasta sus ávidos oídos llega; 40
golpes en la onda, palabras locas,
gritos joviales de frescas bocas,
y los ladridos de la traílla
que Diana tiene junto a la orilla
del fresco río, donde está ella 45
blanca y desnuda como una estrella.

Tanta blancura que al cisne injuria
abre los ojos de la lujuria:
sobre las márgenes y rocas áridas
vuela el enjambre de las cantáridas 50
con su bruñido verde metálico,
siempre propicias al culto fálico.
Amplias caderas, pie fino y breve;
las dos colinas de rosa y nieve...
¡Cuadro soberbio de tentación! 55
¡Ay del cuitado que a ver se atreve
lo que fue espanto para Acteón!
Cabellos rubios, mejillas tiernas,
marmóreos cuellos, rosadas piernas,
gracias ocultas del lindo coro, 60
en el herido cristal sonoro;
seno en que hiciérase sagrada copa;
tal ve en silencio la ardiente tropa.

¿Quién adelanta su firme busto?
¿Quirón experto? ¿Folo robusto? 65
Es el más joven y es el más bello;

su piel es blanca, crespo el cabello,
los cascos finos, y en la mirada
brilla del sátiro la llamarada.

En un instante, veloz y listo,   70
a una tan bella como Kalisto,
ninfa que a la alta diosa acompaña,
saca de la onda donde se baña:
la grupa vuelve, raudo galopa;
tal iba el toro raptor de Europa   75
con el orgullo de su conquista.

¿A do va Diana? Viva la vista,
la planta alada, la cabellera
mojada y suelta; terrible, fiera,
corre del monte por la extensión;   80
ladran sus perros enfurecidos;
entre sus dedos humedecidos
lleva una flecha para el ladrón.

Ya a los centauros a ver alcanza
la cazadora; ya el dardo lanza,   85
y un grito se oye de hondo dolor:
la casta diva de la venganza
mató al raptor...

La tropa rápida se esparce huyendo,
forman los cascos sonoro estruendo.   90
Llegan las ninfas. Lloran. ¿Qué ven?
En la carrera la cazadora
con su saeta castigadora
a la robada mató también.

Revista de Costa Rica (San José de Costa Rica), marzo de 1892
  (Marasso, 1934, p. 141, copia facsimilar).
Tít.: "Los centauros (Bajo-Relieve)".
Ded.: "A Raoul Cay".
v. 24: "otro *irgue* el cuello...".
v. 65: "*Chirón*" (por Quirón).

Bibl.: Maiorana, 1957 (cap. V); Torres Bodet, 1966 (p. 66); Forcadas, 1976; Skyrme, 1976.

EL REINO INTERIOR

[33]

EL REINO INTERIOR

A Eugenio de Castro.

...with Psychis, my soul!

Poe

Una selva suntuosa
en el azul celeste su rudo perfil calca.
Un camino. La tierra es de color de rosa,
cual la que pinta fra Domenico Cavalca
en sus Vidas de santos. Se ven extrañas flores   5
de la flora gloriosa de los cuentos azules,
y entre las ramas encantadas, papemores
cuyo canto extasiara de amor a los bulbules.
(Papemor: ave rara. *Bulbules:* ruiseñores.)

* * *

Mi alma frágil se asoma a la ventanà obscura   10
de la torre terrible en que ha treinta años sueña.
la gentil Primavera primavera le augura.
La vida le sonríe rosada y halagüeña.
Y ella exclama: "¡Oh fragante día! ¡Oh sublime día!
Se diría que el mundo está en flor; se diría   15

que el corazón sagrado de la tierra se mueve
con un ritmo de dicha; luz brota, gracia llueve.
¡Yo soy la prisionera que sonríe y que canta!"
Y las manos liliales agita, como infanta
real en los balcones del palacio paterno.   20

* * *

¿Qué son se escucha, son lejano, vago y tierno?
Por el lado derecho del camino, adelanta
el paso leve una adorable teoría
virginal. Siete blancas doncellas, semejantes
a siete blancas rosas de gracia y de harmonía   25
que el alba constelara de perlas y diamantes.
¡Alabastros celestes habitados por astros:
Dios se refleja en esos dulces alabastros!
Sus vestes son tejidas del lino de la luna.
Van descalzas. Se mira que posan el pie breve   30
sobre el rosado suelo, como una flor de nieve.
Y los cuellos se inclinan, imperiales, en una
manera que lo excelso pregona de su origen.
Como al compás de un verso su suave paso rigen.
Tal el divino Sandro dejara en sus figuras,   35
esos graciosos gestos en esas líneas puras.
Como a un velado son de liras y laúdes,
divinamente blancas y castas pasan esas
siete bellas princesas. Y esas bellas princesas
son las siete Virtudes.   40

* * *

Al lado izquierdo del camino y paralela-
mente, siete mancebos —oro, seda, escarlata,
armas ricas de Oriente— hermosos, parecidos
a los satanes, verlenianos de Ecbatana,
vienen también. Sus labios sensuales y encendidos,   45
de efebos criminales, son cual rosas sangrientas;
sus puñales de piedras preciosas revestidos
—ojos de víboras de luces fascinantes—,

al cinto penden; arden las púrpuras violentas
en los jubones; ciñen las cabezas triunfantes   50
oro y rosas; sus ojos, ya lánguidos, ya ardientes,
son dos carbunclos mágicos de fulgor sibilino,
y en sus manos de ambiguos príncipes decadentes,
relucen como gemas las uñas de oro fino.
Bellamente infernales,   55
llenan el aire de hechiceros veneficios
esos siete mancebos. Y son los siete vicios,
los siete poderosos Pecados capitales.

* * *

Y los siete mancebos a las siete doncellas
lanzan vivas miradas de amor. Las Tentaciones   60
de sus liras melifluas arrancan vagos sones.
Las princesas prosiguen, adorables visiones
en su blancura de palomas y de estrellas.

* * *

Unos y otras se pierden por la vía de rosa,
y el alma mía queda pensativa a su paso.   65
—"¡Oh! ¿Qué hay en ti, alma mía?
¡Oh! ¿Qué hay en ti, mi pobre infanta misteriosa?
¿Acaso piensas en la blanca teoría?
¿Acaso
los brillantes mancebos te atraen, mariposa?"   70

* * *

Ella no me responde.
Pensativa se aleja de la obscura ventana,
—pensativa y risueña,
de la Bella-durmiente-del-Bosque tierna hermana—
y se adormece en donde   75
hace treinta años sueña.

* * *

Y en sueño dice: "¡Oh dulces delicias de los cielos!
¡Oh tierra sonrosada que acarició mis ojos!
—¡Princesas, envolvedme con vuestros blancos velos!
—¡Príncipes, estrechadme con vuestros brazos rojos!"   80

Bibl.: Chasca, 1956; Ellison, 1958; Fein, 1958 y 1967; Rull, 1965; Monguió, 1968; López Estrada, 1971 (pp. 91-93 y 133-137); Fiber, 1972-1973; Ross, 1980; Rossi, 1981.

Poemas agregados
a la segunda edición
(París: 1901)

[VII]

COSAS DEL CID

[34]

COSAS DEL CID

A Francisco A. de Icaza.

Cuenta Barbey, en versos que valen bien su prosa,
una hazaña del Cid, fresca como una rosa,
pura como una perla. No se oyen en la hazaña
resonar en el viento las trompetas de España,   5
ni el azorado moro las tiendas abandona
al ver al sol el alma de acero de Tizona.

Babieca descansando del huracán guerrero,
tranquilo pace, mientras el bravo caballero
sale a gozar del aire de la estación florida.
Ríe la Primavera, y el vuelo de la vida   10
abre lirios y sueños en el jardín del mundo.
Rodrigo de Vivar pasa, meditabundo,
por una senda en donde, bajo el sol glorioso,
tendiéndole la mano, le detiene un leproso.
Frente a frente, el soberbio príncipe del estrago   15
y la victoria, joven, bello como Santiago,
y el horror animado, la viviente carroña
que infecta los suburbios de hedor y de ponzoña.

* * *

Y al Cid tiende la mano el siniestro mendigo,
y su escarcela busca y no encuentra Rodrigo.   20
—"¡Oh, Cid, una limosna!" —dice el precito.
                                        —"Hermano,
¡te ofrezco la desnuda limosna de mi mano!"—
dice el Cid; y, quitando su férreo guante, extiende
la diestra al miserable, que llora y que comprende.

* * *

Tal es el sucedido que el Condestable escancia   25
como un vino precioso en su copa de Francia.
Yo agregaré este sorbo de licor castellano:

* * *

Cuando su guantelete hubo vuelto a la mano
el Cid siguió su rumbo por la primaveral
senda. Un pájaro daba su nota de cristal   30
en un árbol. El cielo profundo deslía
un perfume de gracia en la gloria del día.
Las ermitas lanzaban en el aire sonoro
su melodiosa lluvia de tórtolas de oro;
el alma de las flores iba por los caminos   35
a unirse a la piadosa voz de los peregrinos,
y el gran Rodrigo Díaz de Vivar, satisfecho,
iba cual si llevase una estrella en el pecho.
Cuando de la campiña, aromada de esencia
sutil, salió una niña vestida de inocencia,   40
una niña que fuera una mujer, de franca
y angélica pupila, y muy dulce y muy blanca.
Una niña que fuera un hada, o que surgiera
encarnación de la divina Primavera.

Y fue al Cid y le dijo: "Alma de amor y fuego,   45
por Jimena y por Dios un regalo te entrego,
esta roca naciente y este fresco laurel"

Y el Cid, sobre su yelmo las frescas hojas siente,
en su guante de hierro hay una flor naciente,
y en lo íntimo del alma como un dulzor de miel.　　50

La Ilustración Española y Americana (Madrid), 30 de marzo de
1900, p. 194.
El Sol (Bs. As.), abril 1900.

Bibl.: Sánchez Castañer, 1970 (pp. 62-72); Gullón, 1969; López
Estrada, 1971 (pp. 55-56) y 1979; Zamora Vicente, 1975; Zavala, 1979.

[VIII]

DEZIRES, LAYES Y CANCIONES *

[35]

DEZIR

(A la manera de Johan de Duenyas)

> Reina Venus, soberana
> capitana
> de deseos y pasiones,
> en la tempestad humana
> por ti mana   5
> sangre de los corazones.
> Una copa me dio el sino
> y en ella bebí tu vino
> y me embriagué de dolor,
> pues me hizo experimentar   10
> que en el vino del amor
> hay la amargura del mar.

* Los poemas de esta sección se publicaron en *Revista Nueva* (Madrid), I, 14 (25 de junio de 1899), 626-630 [núms. 35 a 38] y 15 (5 de julio de 1899), 673-675 [núms. 39 a 41].

Bibl.: Henríquez Ureña, 1920 y 1932; Cossío, 1932; Mejía Sánchez, 1970; López Estrada, 1971 (pp. 54-66) y 1977; Quintián, 1974 (cap. V).

Di al olvido el turbulento
sentimiento
y hallé un sátiro ladino   15
que dio a mi labio sediento
nuevo aliento,
nueva copa y nuevo vino.
Y al llegar la primavera,
en mi roja sangre fiera   20
triple llama fue encendida:
yo al flamante amor entrego
la vendimia de mi vida
bajo pámpanos de fuego.

En la fruta misteriosa,   25
ámbar, rosa,
su deseo sacia el labio,
y en viva rosa se posa,
mariposa,
beso ardiente o beso sabio.   30
¡Bien haya el sátiro griego
que me enseñó el dulce juego!
En el reino de mi aurora
no hay ayer, hoy ni mañana;
danzo las danzas de ahora   35
con la música pagana.

FFINIDA

Bella a quien la suerte avara
ordenara
martirizarme a ternuras,
dio una negra perla rara   40
Luzbel para
tu diadema de locuras.

[36]

OTRO DEZIR

Ponte el traje azul que más
conviene a tu rubio encanto.
Luego, Mía, te pondrás
otro, color de amaranto,
y el que rima con tus ojos   5
y aquel de reflejos rojos
que a tu blancor sienta tanto.

En el obscuro cabello
pon las perlas que conquistas;
en el columbino cuello   10
pon el collar de amatistas,
y ajorcas en los tobillos
de topacios amarillos
y esmeraldas nunca vistas.

Un camarín te decoro   15
donde sabrás la lección
que dio a Angélica Medoro
y a Belkiss dio Salomón,
arderá mi sangre loca,
y en el vaso de tu boca   20
te sorberé el corazón.

Luz de sueño, flor de mito,
tu admirable cuerpo canta
la gracia de Hermafrodito
con lo aéreo de Atalanta;   25
y de tu beldad ambigua
la evocada musa antigua
su himno de carne levanta.

Del ánfora en que está el viejo
vino anacreóntico bebe;   30
Febe arruga el entrecejo

y Juno arrugarlo debe,
mas la joven Venus ríe
y Eros su filtro deslíe
en los cálices de Hebe.   35

[37]

LAY

(A la manera de Johan de Torres)

¿Qué pude yo hacer
para merecer
la ofrenda de ardor
de aquella mujer
a quien, como a Ester,   5
maceró el Amor?

Intenso licor,
perfume y color
me hiciera sentir   10
su boca de flor;
dile el alma por
tan dulce elixir.

[38]

CANCIÓN

(A la manera de Valtierra)

Amor tu ventana enflora
y tu amante esta mañana
preludia por ti una diana
en la lira de la Aurora.

Desnuda sale la bella, 5
y del cabello el tesoro
pone una nube de oro
en la desnudez de estrella;
y en la matutina hora
de la clara fuente mana 10
la salutación pagana
de las náyades a Flora.

En el baño al beso incita
sobre el cristal de la onda
la sonrisa de Gioconda 15
en el rostro de Afrodita;
y el cuerpo que la luz dora,
adolescente, se hermana
con las formas de Diana
la celeste cazadora. 20

Y mientras la hermosa juega
con el sonoro diamante,
más encendido que amante
el fogoso amante llega
a su divina señora. 25

FFIN

Pan, de su flauta desgrana
un canto que, en la mañana,
perla a perla, ríe y llora.

[39]

QUE EL AMOR NO ADMITE CUERDAS
REFLEXIONES

(A la manera de Santa Ffe)

Señora, Amor es violento,
y cuando nos transfigura
nos enciende el pensamiento
la locura.

No pidas paz a mis brazos   5
que a los tuyos tienen presos:
son de guerra mis abrazos
y son de incendio mis besos;
y sería vano intento
el tornar mi mente obscura   10
si me enciende el pensamiento
la locura.

Clara está la mente mía
de llamas de amor, señora,
como la tienda del día   15
o el palacio de la aurora.
Y al perfume de tu ungüento
te persigue mi ventura,
y me enciende el pensamiento
la locura.   20

Mi gozo tu paladar
rico panal conceptúa,
como en el santo Cantar:
Mel et lac sub lingua tua.
La delicia de tu aliento   25
en tan fino vaso apura,
y me enciende el pensamiento
la locura.

[40]

LOOR

(A la manera del mismo)

¿A qué comparar la pura
arquitectura
de tu cuerpo? ¿A una sutil
torre de oro y marfil?
¿O de Abril   5

a la loggia florecida?
Luz y vida
iluminan lo interior,
y el amor
tiene su antorcha encendida.   10

    Quiera darme el garzón de Ida
la henchida
copa, y Juno la oriental
pompa del pavón real,
su cristal   15
Castalia, y yo, apolonida,
la dormida
cuerda haré cantar por la
luz que está
dentro tu cuerpo prendida.   20

    La blanca pareja anida
adormecida:
aves que bajo el corpiño
ha colocado el dios niño,
rosa, armiño,   25
mi mano sabia os convida
a la vida.
Por los boscosos senderos
viene Eros
a causar la dulce herida.   30

FFIN

Señora, suelta la brida
y tendida
la crin, mi corcel de fuego
va; en él llego
a tu campaña florida.   35

[41]

COPLA ESPARÇA

(A la manera del mismo)

¡La gata blanca! En el lecho
maya, se encorva, se extiende.
Un rojo rubí se enciende
sobre los globos del pecho.
Los desatados cabellos   5
la divina espalda aroman.
Bajo la camisa asoman
dos cisnes de negros cuellos.

TORNADA LIBRE

Princesa de mis locuras,
que tus cabellos desatas,   10
di, ¿por qué las blancas gatas
gustan de sedas obscuras?

[IX]

LAS ÁNFORAS DE EPICURO *

[42]

LA ESPIGA

Mira el signo sutil que los dedos del viento
hacen al agitar el tallo que se inclina
y se alza en una rítmica virtud de movimiento.
Con el áureo pincel de la flor de la harina

trazan sobre la tela azul del firmamento   5
el misterio inmortal de la tierra divina
y el alma de las cosas que da su sacramento
en una interminable frescura matutina.

Pues en la paz del campo la faz de Dios asoma.
De las floridas urnas místico incienso aroma   10
el vasto altar en donde triunfa la azul sonrisa;

aún verde está y cubierto de flores el madero,
bajo sus ramas llenas de amor pace el cordero
y en la espiga de oro y luz duerme la misa.

Bibl.: Jrade, 1979 y 1980*a*.

* Los poemas de esta sección, salvo los dos últimos, fueron
publicados en *Revista Nueva* (Madrid), I, 18 (5 de agosto de 1899),
827-829 [42 a 46], y II, 19 (15 de agosto de 1899), 10-13 [números
47 a 52]. Existe una versión anterior de "Marina" y otra contemporánea de "La hoja de oro", como se consigna.

Bibl.: Gullón, 1967 y 1971; Ruiz de Galarreta, 1973; Rasi, 1976;
  Zuleta, 1977*b*.

[43]

LA FUENTE

Joven, te ofrezco el dón de esta copa de plata
para que un día puedas calmar la sed ardiente,
la sed que con su fuego más que la muerte mata.
Mas debes abrevarte tan sólo en una fuente,

otra agua que la suya tendrá que serte ingrata,   5
busca su oculto origen en la gruta viviente
donde la interna música de su cristal desata,
junto al árbol que llora y la roca que siente.

Guíete el misterioso eco de su murmullo,
asciende por los riscos ásperos del orgullo,   10
baja por la constancia y desciende al abismo

cuya entrada sombría guardan siete panteras:
son los Siete Pecados las siete bestias fieras.
Llena la copa y bebe: la fuente está en ti mismo.

Bibl.: Zardoya, 1967.

[44]

PALABRAS DE LA SATIRESA

Un día oí una risa bajo la fronda espesa,
vi brotar de lo verde dos manzanas lozanas;
erectos senos eran las lozanas manzanas
del busto que bruñía de sol la Satiresa:

era una Satiresa de mis fiestas paganas,   5
que hace brotar clavel o rosa cuando besa;
y furiosa y riente y que abrasa y que mesa,
con los labios manchados por las moras tempranas.

Tú que fuiste, me dijo, un antiguo argonauta,
alma que el sol sonrosa y que la mar zafira,   10
sabe que está el secreto de todo ritmo y pauta

en unir carne y alma a la esfera que gira,
y amando a Pan y Apolo en la lira y la flauta,
ser en la flauta Pan, como Apolo en la lira..

Bibl.: Feustle, 1977 y 1978.

[45]

LA ANCIANA

Pues la anciana me dijo: "Mira esta rosa seca
que encantó el aparato de su estación un día:
el tiempo que los muros altísimos derrueca
no privará este libro de su sabiduría.

En esos secos pétalos hay más filosofía   5
que la que darte pueda tu sabia biblioteca;
ella en mis labios pone la mágica armonía
con que en mi torno encarno los sueños de mi rueca."

"Sois un hada", le dije: "Soy un hada, me dijo:
y de la primavera celebro el regocijo   10
dándoles vida y vuelo a estas hojas de rosa."

Y transformóse en una princesa perfumada,
y en el aire sutil, de los dedos del hada
voló la rosa seca como una mariposa.

[46]

AMA TU RITMO...

Ama tu ritmo y ritma tus acciones
bajo su ley, así como tus versos;
eres un universo de universos
y tu alma una fuente de canciones.

La celeste unidad que presupones   5
hará brotar en ti mundos diversos,
y al resonar tus números dispersos
pitagoriza en tus constelaciones.

Escucha la retórica divina
del pájaro del aire y la nocturna   10
irradiación geométrica adivina;

mata la indiferencia taciturna
y engarza perla y perla cristalina
en donde la verdad vuelca su urna.

Bibl.: Jensen, 1979; Jrade, 1980*a*.

[47]

A LOS POETAS RISUEÑOS

Anacreonte, padre de la sana alegría;
Ovidio, sacerdote de la ciencia amorosa;
Quevedo, en cuyo cáliz licor jovial rebosa;
Banville, insigne orfeo de la sacra Harmonía,

y con vosotros toda la grey hija del día,   5
a quien habla el amante corazón de la rosa,
abejas que fabrican sobre la humana prosa
en sus Himetos mágicos mieles de poesía:

Prefiero vuestra risa sonora, vuestra musa
risueña, vuestros versos perfumados de vino,   10
a los versos de sombra y a la canción confusa

que opone el numen bárbaro al resplandor latino;
y ante la fiera máscara de la fatal Medusa,
medrosa huye mi alondra de canto cristalino.

[48]

LA HOJA DE ORO

En el verde laurel que decora la frente
que besaron los sueños y pulieron las horas,
una hoja suscita como la luz naciente
en que entreabren sus ojos de fuego las auroras;

o las solares pompas, o los fastos de Oriente,   5
preseas bizantinas, diademas de Theodoras,
o la lejana Cólquida que el soñador presiente
y adonde los Jasones dirigirán las proras.

Hoja de oro rojo, mayor es tu valía,
pues para tus colores imperiales evocas   10
con el triunfo de otoño y la sangre del día,

el marfil de las frentes, la brasa de las bocas,
y la autumnal tristeza de las vírgenes locas
por la Lujuria, madre de la Melancolía.

Ed. como "atrio" de: Joaquín Alcaide de Zafra, *Trébol (Poesías)*,
    atrios de Rubén Darío, Eusebio Blasco y Salvador Rueda (Ma-
    drid, Col. Iris, 1899), p. 15.

v. 6: "*T*eodoras".
v. 8: "*sus* proras".
v. 11: "*O*toño".
v. 12: "el marfil de *los rostros*".

[49]

MARINA

Como al fletar mi barca con destino a Citeres
saludara a las olas, contestaron las olas
con un saludo alegre de voces de mujeres.
Y los faros celestes prendían sus farolas,
mientras temblaba el suave crepúsculo violeta.   5
"Adiós —dije—, países que me fuisteis esquivos;
adiós peñascos enemigos del poeta;
adiós costas en donde se secaron las viñas,
y cayeron los términos en los bosques de olivos.
Parto para una tierra de rosas y de niñas,   10
para una isla melodiosa
donde más de una musa me ofrecerá una rosa."
Mi barca era la misma que condujo a Gautier
y que Verlaine un día para Chipre fletó,
y provenía de   15
el divino astillero del divino Watteau.
Y era un celeste mar de ensueño,
y la luna empezaba en su rueca de oro
a hilar los mil hilos de su manto sedeño.
Saludaba mi paso de las brisas el coro   20
y a dos carrillos daba redondez a la velas.
En mi alma cantan celestes filomelas

Revista Nacional de Literatura y Ciencias Sociales (Montevideo),
II, 45 (10 de febrero de 1897) (v. Seluja Cecín, 1965, p. 85).
v. 3: *"con claras* voces *y alegrías* de mujeres".
v. 5: *"en el temblor del* suave crepúsculo violeta".
vv. 6-12 en cursiva.
v. 10: *"Yo me voy* a una tierra de rosas y de niñas".
v. 11: *"yo me dirijo a la* isla *linda* y melodiosa".
v. 12: "donde más de una *niña* me ofrecerá una rosa".
Entre vv. 12-13, un blanco.
v. 15: *"nueva y recién pintada,* y provenía de".
v. 16: *"Astillero".*
v. 17: *"Y el mar estaba manso como un lago* de ensueño".
v. 19: "a *tejer* los mil hilos".

cuando oí que en la playa sonaba como un grito.
Volví la vista y vi que era una ilusión
que dejara olvidada mi antiguo corazón. 25
Entonces, fijo del azur en lo infinito,
para olvidar del todo las amarguras viejas,
como Aquiles un día, me tapé las orejas.
Y les dije a las brisas: "Soplad, soplad más fuerte;
soplad hacia las costas de la isla de la Vida." 30
Y en la playa quedaba desolada y perdida
una ilusión que aullaba como un perro a la Muerte.

v. 26: "Entonces, fijo *de lo azul* en lo infinito".
vv. 29-30 en cursiva.
El sol (Bs. As.), julio de 1899: vv. 3, 5, 18, 25, 26, modif. según
  P, 1901 (ref. Méndez Plancarte y Oliver Belmás, 1968, p. 1187).

P, 1901.
v. 6: "Adiós, dije,...".

Bibl.: Martínez Rivas, 1967.

[50]

SYRINX

[DAFNE]

¡Dafne, divina Dafne! Buscar quiero la leve
caña que corresponda a tus labios esquivos;
haré de ella mi flauta e inventaré motivos
que extasiarán de amor a los cisnes de nieve.

Al canto mío el tiempo parecerá más breve; 5
como Pan en el campo haré danzar los chivos;
como Orfeo tendré los leones cautivos,
y moveré el imperio de Amor que todo mueve.

Y todo será, Dafne, por la virtud secreta
que en la fibra sutil de la caña coloca 10
con la pasión del dios el sueño del poeta;

porque si de la flauta la boca mía toca
el sonoro carrizo, su misterio interpreta
y la armonía nace del beso de tu boca.

Consignamos los dos títulos del poema. El pedido por Darío ("Historia de mis libros", II) y el que consignó erróneamente, porque
está pedido por la letra del texto que autorizó siempre Darío
en vida.

[51]

LA GITANILLA

A Carolus Durán.

Maravillosamente danzaba. Los diamantes
negros de sus pupilas vertían su destello;
era bello su rostro, era un rostro tan bello
como el de las gitanas de don Miguel Cervantes.

Ornábase con rojos claveles detonantes   5
la redondez obscura del casco del cabello,
y la cabeza firme sobre el bronce del cuello
tenía la pátina de las horas errantes.

Las guitarras decían en sus cuerdas sonoras
las vagas aventuras y las errantes horas,   10
volaban los fandangos, daba el clavel fragancia;

la gitana, embriagada de lujuria y cariño,
sintió cómo caía dentro de su corpiño
el bello luis de oro del artista de Francia.

[52]

A MAESTRE GONZALO DE BERCEO

Amo tu delicioso alejandrino
como el de Hugo, espíritu de España;
éste vale una copa de champaña
como aquel vale "un vaso de bon vino".

Mas a uno y otro pájaro divino   5
la primitiva cárcel es extraña;
el barrote maltrata, el grillo daña,
que vuelo y libertad son su destino.

Así procuro que en la luz resalte
tu antiguo verso, cuyas alas doro   10
y hago brillar con mi moderno esmalte;

tiene la libertad con el decoro
y vuelve, como al puño el gerifalte,
trayendo del azul rimas de oro.

Bibl.: López Estrada, 1977.

[53]

ALMA MÍA

Alma mía, perdura en tu idea divina;
todo está bajo el signo de un destino supremo;
sigue en tu rumbo, sigue hasta el ocaso extremo
por el camino que hacia la Esfinge te encamina.

Corta la flor al paso, deja la dura espina;   5
en el río de oro lleva a compás el remo;
saluda el rudo arado del rudo Triptolemo,
y sigue como un dios que sus sueños destina...

Y sigue como un dios que la dicha estimula,
y mientras la retórica del pájaro te adula   10
y los astros del cielo te acompañan, y los

ramos de la Esperanza surgen primaverales,
atraviesa impertérrita por el bosque de males
sin temer las serpientes; y sigue, como un dios...

[54]

YO PERSIGO UNA FORMA...

Yo persigo una forma que no encuentra mi estilo,
botón de pensamiento que busca ser la rosa;
se anuncia con un beso que en mis labios se posa
al abrazo imposible de la Venus de Milo.

Adornan verdes palmas el blanco peristilo;   5
los astros me han predicho la visión de la Diosa;
y en mi alma reposa la luz como reposa
el ave de la luna sobre un lago tranquilo.

Y no hallo sino la palabra que huye,
la iniciación melódica que de la flauta fluye   10
y la barca del sueño que en el espacio boga;

y bajo la ventana de mi Bella-Durmiente,
el sollozo continuo del chorro de la fuente
y el cuello del gran cisne blanco que me interroga.

Bibl.: Fernández Alonso, 1967; Anderson Imbert, 1967 y 1974; Ruiz de Galarreta, 1973.

Rubén Darío, por Vaquero Turcios (1967).

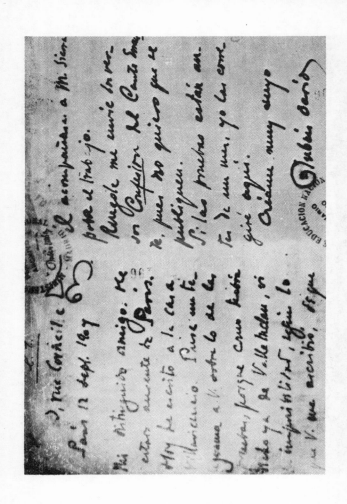

Carta de Rubén Darío a A. Insúa. Seminario Rubén Darío.
Madrid.

APÉNDICE I

Incluyo en este Apéndice tres textos de Darío. El primero ("El ánfora") adelanta hacia 1889 un tema que el autor desarrolla en la sección "Las ánforas de Epicuro" de una década más tarde. "Rosas profanas" pudo, por el título genérico con que figuró en la edición periodística, figurar en el volumen, pero el autor lo dejó afuera en la selección que hizo en 1896. "La copa de agua" es un poema sin título que editó en 1898 como parte del hipotético libro "Las ánforas de Epicuro". Ninguno de los tres textos fue recogido en volumen.

[55]

EL ÁNFORA

Yo tengo una bella ánfora, llena de regio vino,
que para hacer mis cantos me da fuerza y calor;
en ella encuentra sangre mi corazón latino
para beber la vida, para latir de amor.

Grabó en ella un artífice, con su buril divino,   5
junto a una viña virgen, a Baco y su esplendor,
y a Pan, que enseña danzas, el rostro purpurino,
a cabras y pastores bajo un citiso en flor.

El ánfora gallarda contiene la alegría;
Dionisio su carquesio sobre ella derramó;   10
el sátiro gallardo su aliento, su armonía,

y Venus, una perla que en sus cabellos vio.
El vino rojo tiene mi luz, mi poesía:
quien lo hace, son los dioses, y quien se embriaga, yo.

El Tren (Tegucigalpa, Honduras), III, 30 (5 de diciembre de
1889), 3.

[56]

ROSAS PROFANAS

Sobre el diván dejé la mandolina,
y fuí a besar la boca purpurina,
la boca de mi hermosa florentina.

Y es ella dulce, y roza y muerde y besa;
y es una boca roja, rosa, fresa;   5
y Amor no ha visto boca como ésa.

Sangre, rubí, coral, carmín, claveles,
hay en sus labios finos y crueles
pimientas fuertes, aromadas mieles.

Los dientes blancos riman como versos,   10
y saben esos finos dientes tersos,
mordiscos caprichosos y perversos.

Dulce serpiente, suave y larga poma,
fruta viva y flexible, seda, aroma,
entre rosas y blancor la lengua asoma.   15

La florentina es sabia, y ella dice
que en ella están Helena y Cloe y Nice,
y Safo y Clori y Galatea y Bice.

Su risa es risa de una lira loca:
en el teclado de sus dientes toca   20
Amor la sinfonía de su boca.

Y ese cáliz hallé de mieles lleno,
y él el placer y el mal puso en mi seno,
y en él bebí la sangre y el veneno.

Buenos Aires, 61 (7 de junio de 1896), 14. Probl. errata del título
"Prosas...".

Bibl.: Monner Sans, 1948 (facs. del texto).

[57]

LA COPA DE AGUA

En los sepulcros musulmanes, una
copa remata la obra; el agua fina
de la urna matinal, y la argentina
perla que da a su ánfora la luna,

en licor de cristal, calman la ardiente   5
sed de las aves del azul... ¡Cincela,
porta-lira, una copa transparente
en tu armoniosa fábrica doliente,
para el alma con sed que al azul vuela!

El Mercurio de América (Bs. As.), I, 1 (20 de julio de 1898), 14.

Sin este título, que se debe a Méndez Plancarte y Oliver Belmás, 1967, p. 1216. Se publica con el subtítulo: "De 'Las ánforas de Epicuro'", junto a "Los piratas", recogido en *El canto
errante* (1907).

APÉNDICE II

CRONOLOGÍA DE LOS POEMAS

En el cuadro se consignan los poemas de *Prosas profanas y otros poemas* (1896 y 1901), encolumnados según el año de su producción o su primera edición (esta circunstancia se informa entre corchetes cuando se posee los dos datos). Igualmente, figuran los poemas escritos en esos años, distinguiendo su recolección por el autor en algún libro posterior, o su carácter de obra dispersa. Las abreviaturas son las siguientes:

CVE   *Cantos de vida y esperanza. Los cisnes y otros poemas* [1905]
CE   *El canto errante* [1907]
PO   *Poema del otoño y otros poemas* [1910]
CA   *Canto a la Argentina y otros poemas* [1914]

En el caso de los poemas no recogidos por el autor en libro, hago una selección de aquellos más significativos, dejando aparte a los meramente circunstanciales.

Año	Prosas profanas y otros poemas	Otros libros	Obra dispersa
1889 (26)	"Sinfonía en gris mayor" [1891]	"Caso" [CE]; "Gesta del coso" [CA]	"Del trópico"; "El ánfora"
1891 (4)	"Blasón" [1893]	"Tutecotzimí" (CE); "El clavicordio de la abuela" (PO)	"Los regalos de Puck"
(32)	"Palimpsesto" [1892]		
1892 (8)	"Para una cubana"	"Tarde del trópico" (CVE);	
(9)	"Para la misma"	"Leda" (CVE); "A Goya" (CVE);	
(31)	"Friso"	"A Colón" (CE)	
(21)	"Pórtico"		
(22)	"Elogio de la seguidilla"		
1893 (13)	"El país del sol"	"Ofrenda" (CVE);	"Dedicatoria";
(1)	"Era un aire suave"	"Metempsicosis" (CE);	"Wagneriana: I Lohengrin,
(11)	"El faisán" [1895]	"A Francia" (CE); "Flirt" (CE);	II Parsifal" [1895];
(5)	"Del campo"	"A una novia" (CE)	"Porteña" (c.); "Rosas
(20)	"El poeta pregunta por Stella"		profanas" [1896]
(25)	"Año nuevo" [1894]		

Año	Prosas profanas y otros poemas	Otros libros	Obra dispersa
1894	(7) "Canción de carnaval" (30) "Canto de la sangre" (2) "Divagación" (6) "Alaba los ojos negros de Julia" [1895]	"A la muerte de Rafael Núñez" (CVE)	"Epístola a M. Jaimes Freyre"; "A Mitre"
1895	(3) "Sonatina" (24) "La página blanca" (14) "Margarita"	"Marcha triunfal" (CVE); "Esquela a Charles de Soussens" (CE)	
1896	(29) "Responso" (10) "Bouquet" (19) "Coloquio de los centauros" (12) "Garçonnière" (17) "Heraldos" (15) "Mía" [1897] (16) "Dice mía" [1897] (18) "Ite, Missa Est" (23) "El cisne" (27) "La Dea" (28) "Epitalamio bárbaro" (33) "El reino interior"	"En elogio del Ilmo. Sr. Obispo de Córdoba, Fray Mamerto Esquiú" (CE)	"La monja y el ruiseñor" (trad. de E. de Castro); "Frank Brown"

Año		Prosas profanas y otros poemas	Otros libros	Obra dispersa
1897	(49)	"Marina"		"La copa de agua"
1898			"Urna votiva" (CVE); "Israel" (CVE); "Desde la pampa" (CE); "Los piratas" (CE)	
1899	(35)-(41)	"Dezires, layes y canciones"	"Al rey Óscar" (CVE); "Salutación a Leonardo" (CVE); "Cyrano en España" (CVE); "Retratos" (CVE); "Trébol" (CVE)	
	(42)	"La espiga"		
	(43)	"La fuente"		
	(44)	"Palabras de la satiresa"		
	(45)	"La anciana"		
	(46)	"Ama tu ritmo"		
	(47)	"A los poetas risueños"		
	(50)	"Syrinx"/"Dafne"		
	(52)	"A Maestre Gonzalo de Berceo"		
	(48)	"La hoja de oro"		
	(51)	"La gitanilla"		
1900	(34)	"Cosas del Cid"	"Lírica" (CE)	
1901	(54)	"Yo persigo una forma"		"A Juan R. Jiménez"; "A Amado Nervo"
	(53)	"Alma mía"		

APÉNDICE III

MÉTRICA

Incluyo en este Apéndice una ordenación de los poemas de *Prosas Profanas y otros poemas* según dos aspectos: la medida de los versos utilizados y el patrón estrófico. Los estudios generales sobre esta cuestión son los de SÁNCHEZ, 1954, para la métrica de Darío, y el de LONNÉ, 1968, que sigo especialmente, para este libro. Pueden verse, además, para aspectos parciales, HENRÍQUEZ UREÑA, 1920 y 1932 (además de sus comentarios en obras generales, esp. 1916-1946); SAAVEDRA MOLINA, 1935, y MALDONADO DE GUEVARA, 1953.

1. *Versos utilizados por Darío en Prosas profanas y otros poemas*

6 sílabas	"Mía"
	"Lay"
8 sílabas	"Para una cubana"
	"Para la misma"
	"Otro dezir"
	"Canción"
	"Copla esparça"
8 + 4 sílabas	"Dezir"
	"Que el amor no admite cuerdas reflexiones"
	"Loor"
8 + 5 sílabas	"Canción de carnaval"

10 sílabas	"Blasón"
	"Palimpsesto"
11 sílabas	"Divagación"
	"Alaba los ojos negros de Julia"
	"Pórtico"
	"Friso"
	"Ama tu ritmo"
	"A Maestre Gonzalo de Berceo"
12 sílabas	"Era un aire suave..."
	"Bouquet"
	"El faisán"
	"Garçonnière"
	"Elogio de la seguidilla"
	"Sinfonía en gris mayor"
	"Canto de la sangre" (Combinación con versos de 11)
14 sílabas	"Sonatina"
	"Del campo"
	"Margarita"
	"Ite missa est"
	"Coloquio de los centauros"
	"El cisne"
	"La Dea"
	"Epitalamio bárbaro"
	"Cosas del Cid"
	"La espiga"
	"La fuente"
	"Palabras de la satiresa"
	"La anciana"
	"A los poetas risueños"
	"La hoja de oro"
	"Syrinx/Dafne"
	"La gitanilla"
	"Alma mía"
	"Yo persigo una forma"
	"El poeta pregunta por Stella" (Combinación con versos de 7 y 18)
	"Responso" (Comb. con 9)
	"El reino interior" (Comb. con 7 y otros)
	"Marina" (Comb. con 7 y 9)

| 16 sílabas | "Año nuevo" (Comb. con 4) |

| Poemas sin paradigma métrico | "La página blanca" (Comb. de 3, 4, 6, 10 y 12)
"Dice Mía" (Comb. de 3, 6, 10)
"Heraldos" (Versos libres) |

| Prosa rítmica | "El país del sol" |

2. *Modelos estróficos usados por Darío en 'Prosas profanas y otros poemas'.*

Pareados	"Coloquio de los centauros"	14 s.
	"Epitalamio bárbaro"	14 s.
Tercetos	"El faisán"	12 s.
Cuartetos	"Blasón"	10 s.
	"Divagación"	11 s.
	"Alaba los ojos negros de Julia"	11 s.
	"Pórtico"	11 s.
	"Era un aire suave..."	12 s.
	"Bouquet"	12 s.
	"Garçonnière"	12 s.
	"Elogio de la seguidilla"	12 s.
	"Canto de la sangre"	12 s.
	"Sinfonía en gris mayor"	12 s.
	"Del campo"	14 s.
Cuartetas	"Copla esparça"	8 s.
	"Canción de carnaval"	8 y 5 s.
Quintetos	"Divagación" [Estr. 34]	11 s.
	"Sinfonía en gris mayor" [Estr. 3]	12 s.
Sextetos	"Sonatina"	14 s.
	"Responso"	14 y 11 s.
Sextillas	"Lay"	6 s.
Septetos	"Otro dezir"	8 s.
Doce versos	"Dezir"	8 + 4 s.

Sonetos		
	"Mía"	6 s.
	"Para una cubana"	8 s.
	"Para la misma"	8 s.
	"Ama tu ritmo"	11 s.
	"A Maestre Gonzalo de Berceo"	11 s.
	"Margarita"	14 s.
	"Ite, missa est"	14 s.
	"El cisne"	14 s.
	"La espiga"	14 s.
	"La fuente"	14 s.
	"La hoja de oro"	14 s.
	"Syrinx/Dafne"	14 s.
	"A los poetas risueños"	14 s.
	"La gitanilla"	14 s.
	"Alma mía"	14 s.
	"Yo persigo una forma"	14 s.
	"La Dea"	14 s.
	"Palabras de la satiresa"	14 s.
	"La anciana"	14 s.

Silva	"El reino interior"	(14, 7 y otros)

Canción trovadoresca	(v. Cossío, 1932)	
	"Canción"	8 y 4 s.
	"Que el amor no admite cuerdas reflexiones"	8 y 4 s.
	"Loor"	8 y 4 s.

Poemas sin paradigma estrófico	"Dice Mía"
	"El poeta pregunta por Stella"
	"La página blanca"
	"Año nuevo"
	"Friso"
	"Palimpsesto"

ÍNDICE ONOMÁSTICO Y GLOSARIO

Esta anotación crítica y enciclopédica está dirigida a resolver las dudas, a ilustrar y a ampliar el campo de referencias del lector culto de esta colección, en lo que se refiere a vocablos y personas de alusión problemática en los poemas de Darío. Es por ello un índice y un glosario selectivo de algunos términos y no de todos los que podría haberse desarrollado. En ningún caso se aspira a agotar el conocimiento sobre esos vocablos, sino que se ofrece un punto de partida para tal empresa. Es válida aquí la reiteración de la advertencia del "Prólogo": se evita la traducción de metáforas y la glosa, así como también todo lo referente a las *fuentes* de la poesía de Darío. Para esto último, y en especial para las referencias mitológicas, se remite al lector a los repertorios y obras de referencia usados por el propio Darío, como la *Mythologie dans l'art ancien et moderne* de René Ménard, *Les grands initiés* de E. Schuré, la *Mythologie de la Grèce antique* de Paul Decharme y el *Dictionnaire des antiquités graecques et romaines* de Daremberg y Saglio. El estudio de Marasso [1934] sigue siendo la mejor cantera para las referencias culturales manejadas por el autor.

El glosario aspira a ser el primer paso de una empresa mayor, que es la confección del *Léxico Dariano,* obra que habrá de confeccionarse con el auxilio de computadoras. Otra vía es ya obsoleta e ineficaz, como lo demuestra el empeño de Harrison [1970]. Marasso [1934] ofrece un "Glosario de Rubén Darío" (pp. 401-415) de gran interés, pero que debe ser puesto al día, completado y profundizado con los métodos de cuantificación hoy disponibles.

No escapará a la atención del lector que estas referencias enciclopédicas y críticas acerca de los textos de *Prosas profanas* han sido reunidas en esta sección de modo de "limpiar" el texto que ofrecemos en esta edición.

[La numeración remite a los poemas de esta ed.]

Acteón. [Mit. gr.] Sorprendió a Artemis en el momento del baño y ésta, en castigo, lo transformó en ciervo y fue despedazado por sus propios perros. [32]

Alcatifa. Tapiz o alfombra fina. [21]

Adonis. [Mit. gr.] Joven amado por Afrodita, quien fue muerto por un jabalí, que pudo ser Hefesto (o Ares, según las versiones) movido por los celos. En Atenas su culto estuvo hermanado al de Afrodita, y fue identificado a veces con Eros (v.). Vinculado al culto de la naturaleza y sus ciclos. [2], [31]

Afrodita/Venus. [Mit. gr. y lat.] Diosa suprema del amor y la belleza en la mitología antigua. Darío consigna la versión latina de esta divinidad en la mayoría de sus textos. [2], [6], [12], [19], [21], [28], [30], [35], [36], [38], [54], [55]

Amaranto. [Color de] Color rojo oscuro aplicado a las maderas. De la flor de ese color. Id. sangre. [36]

Amatunte. Ciudad de Chipre, característica por su culto a Adonis (v.) y Afrodita (v.). Cf. "Amatuntes celestes" (*Los raros,* p. 43) y "amatuntes de prodigio" (*La isla de oro,* p. 214). Hoy Limisso. [2]

Anadiomena. [Mit. gr.] Sobrenombre de Afrodita, cuando se la evoca naciendo de las aguas. [19]

Andrade, Olegario V. (1839-1882). Escritor romántico argentino, autor de *Prometeo* (1877) y *Atlántida,* entre otras obras. [7]

Angélica. En Ariosto *(Orlando furioso),* princesa del Catay, disputada por varios caballeros (Reinaldo, Lagesí, Sacripante, Ferragut y Roldán), pero que elige a Medoro, paje,

192

de cuyo estado y condición se conduele. Para la versión española que pudo conocer Darío: Lope de Vega, v. ZAMORA VICENTE, 1960 y 1963 (p. 30*n*); Góngora, v. AVALLE ARCE, 1948. [36]

Argantir. Personaje de "L'épée d'Argantir", poema de Leconte de Lisle *(Poèmes barbares),* traducido por el argentino Leopoldo Díaz *(Traducciones,* 1897) y comentado por Darío en "Leconte de Lisle" *(Los raros,* pp. 33 y 41). [23]

Atalanta. [Mit. gr.] Cazadora y atleta, contraria al matrimonio, que mataba a quienes vencía en carreras de velocidad. Hipomene la vence arrojando las manzanas de oro de Afrodita. [36]

Atis. [Mit. gr.] Eunuco auto-castrado, devoto de Cibeles, en Frigia. La mención de Darío alude siempre al "grito" de Atis, lo cual estrecha el campo connotativo. [19], [51]

Banville, Théodore de (1823-1891). Escritor francés parnasiano, autor de *Odes funambulesques* (1857), que contiene la "Chanson de Carnaval" *(Mascarades)* glosada por Darío en "Después del Carnaval", *La Nación,* 5-III-1895 (MAPES, 1938, pp. 74-77) y citada como epígrafe en "Canción de Carnaval". [7], [47]

Barbey d'Aurevilly, Jules-Amédée (1808-1889). Escritor francés, autor de "Le Cid", publicado en *Poussières* (1897), y fuente de la reversión cidiana de "Cosas del Cid". [34]

Bayadera. Bailarina y cantora hindú. [2]

Beaumarchais, Pierre A. Caron de (1732-1799). Dramaturgo francés, autor de *El barbero de Sevilla* (1775) y *Las bodas de Fígaro* (1784). [2]

Belkiss. Nombre legendario de la Reina de Saba, elegido por Eugenio de Castro (v.) para su obra *Belkiss, reina de Saba, de Axum y de Hymias* (1894), trad. al español por Luis Berisso en 1897 (con própl. de L. Lugones; reed. Madrid: Ed. América, 1919). v. R. Darío, "Vida literaria: *Belkiss*" [1898]) (IBÁÑEZ, 1970, pp. 120-125), C. Oyuela, "Sobre *Belkiss*" [1897] (OYUELA, 1943, II, pp. 347-352), V. Pérez Petit, "Eugenio de Castro" (PÉREZ PETIT, 1903, pp. 215-234). [36]

Berisso, Luis (1866-1944). Escritor argentino, autor de *El pensamiento de América* (1898) y traductor de *Belkiss,* de E. de Castro (v.) (1897). [III]

Betulia. Ciudad palestina donde Judith (v.) mató a Holofernes. [6]

Bolonia, Juan de (1529-1608).   Escultor flamenco que vivió
en Italia. Trabajó en Florencia al servicio de los Medici.
Su *Mercurio* en bronce (1534) (v.) está en el Museo Na-
zionale de Florencia, y lo reproduce MARASSO, 1934 (p. 38).
[1]

Brown, Frank (1858-1943).   Payaso inglés afincado en la Argentina (1884), que figura como impulsor del circo criollo
argentino y de las primeras formas del teatro nacional.
V. Rubén Darío, "Frank Brown de los niños" [1897] (MA-
PES, 1938, pp. 152-154) y "Frank Brown" [1896] (*PC,*
pp. 978-979). [7]

Bulbul. · Ruiseñor. [33]

Cancio, Juan [Seud. de Mariano de VEDIA] (1858-1930).   Escritor y periodista argentino. Director del diario *El Tiempo,*
donde colaboró Darío, con quien tuvo estrecha amistad. Usó
el seudónimo de "Juan Cancio" en muchas colaboraciones
de *La Nación.* V. BENARÓS, 1970. [5]

Canéfora.   Doncella portadora del cesto con las ofrendas para
los sacrificios, en la antigua Grecia. [29]

Cantárida.   Escarabajo. Coleóptero aludido por su sonido y
también por sus propiedades afrodisíacas. El veneno que se
extrae de él es usado para hechizos (v. *Veneficios*). [32]

Carbunclo.   Rubí. [43]

Carcova, Ernesto de la (1866-1927).   Pintor argentino. Resi-
dió en Francia durante los años de su formación. Realizó
la ilustración alegórica que acompañó a la edición primera
de "Responso" ("Verlaine"), en 1896. [29]

Carquesio.   Vaso para beber, de boca ancha y con asa. [55]

Castro, Eugenio de (1869-1944).   Escritor portugués cercano
al simbolismo francés. Autor de *Belkiss* (1894) (v.) y *Salomé*
(1896). Autor del poema que en su trad. francesa pudo
inspirar "El reino interior", que le está dedicado ("L'Hermaphrodite", 1895). Sobre él, Darío escribió "Eugenio de
Castro y la literatura portuguesa" [1896] (*Los raros,* pp.
226-247). [33]

Cavalca, Fra Domenico (c. 1270-1342).   Autor italiano, divul-
gador en romance de la hagiografía medieval. Darío leyó
la ed. Costero de *Vite dei Santi Patri,* uno de cuyos pasajes
inspiró un verso de "El reino interior", y le dedicó un ensayo en *Los raros* (pp. 141-149). [33]

Cay, María.   v. Raoul Cay. [8]

Cay, Raoul.   Periodista y amigo de Darío en La Habana.
Hijo del cónsul en Tokio y hermano de María, prometida

del Gral. Lachambre y de la que estuvo enamorado Julián
del Casal. Raoul recibió la dedicatoria de la primera versión de "Palimpsesto" ("Los centauros") en 1892; María
motivó (su persona y su retrato) "Para una cubana" y
"Para la misma", también en 1892. V. Rubén Darío, "El
Gral. Lacambre" [sic], *La Nación*, 7-III-1895. [8], [32]

Centauro.   [Mit. gr.] Seres híbridos nacidos de Centauro
(hijo de Ixión y la Nube) y de los caballos de Tesalia. La
fuente para estos personajes es la versión de Ovidio (*Metamorfosis,* esp. lib. XII) que Darío leyó en la traducción
del licenciado Sánchez de Viana (Granada, 1590; reed. Biblioteca Clásica de Madrid). A esa trad. se debe la altera-
ción de sus nombres que aparece en el "Coloquio de los
centauros": *Caumantes* por Taumantes; *Hipea* por Hipasos.
V. MARASSO, 1934, p. 91. [12], [19]

Chorotega.   Indígena de Nicaragua (región de Managua) y de
Costa Rica. [0]

Cinis [*Cenis*].   [Mit. gr.] Lapita, amada por Poseidón, quien
la hizo invulnerable a las persecuciones transformándole el
sexo; será así Ceneo. Morirá en la guerra contra los centauros. La versión también procede de Ovidio. [19]

Cipria.   [Cinto de] [Mit. gr.] Cinto de Afrodita recibido de
Hera (Homero, *Ilíada,* XIV, 215), con bordados que representan la figura de los deseos, las alegrías y las penas del
amor (v. *Cipris*). [1]

Cipris.   [Mit. gr.] Afrodita *(Ilíada)* como perteneciente a
Chipre (*kypris* y *kypros,* respectivamente). [31]

Citeres.   Isla entre Laconia y Creta, adonde llegó Afrodita
en una concha. Hoy Cerigo. [Gentil. "Citerea"] [21], [29],
[49]

Citiso.   Codeso o cambroño. Planta leguminosa. [55]

Clodion, Claude Michel (1738-1814).   Escultor francés, autor
de cerámicas y obras en mármol que representan ninfas y
sátiros. [2]

Cólquida.   Región de Asia, escenario de la leyenda del vellocino de oro. [48]

Dafne.   [Mit. gr.] Personaje mitológico a quien los dioses
convierten en laurel para librarla de la persecución de Apolo. Árbol consagrado a Apolo (v. *Syrinx*). [50]

D'Annunzio, Gabriele (1863-1938).   Escritor italiano, adalid
del decadentismo en los años en que Darío le dedica "Divagación" y "Un esteta italiano: Gabriel d'Anunzio" [sic]
[1894] (IBÁÑEZ, 1970, pp. 94-96). Autor, entre muchas otras

obras, de *Canto novo* (1882), *Il trionfo della morte* (1894) y *Alcyone* (1904). [2], [12]

Deifobe. Nombre que recibe la Sibila de Cumas en Virgilio (*Eneida*, VI, 36) (*Deiphobe* Glauci). [19]

Deucalión. [Mit. gr.] Hijo de Prometeo, rey de Tesalia, quien se salva del diluvio junto a su mujer Pirra, en una barca, por intercesión de Zeus. Luego de ocho días de navegación arriban al monte Parnaso, donde comienzan la repoblación arrojando piedras que se convierten en seres humanos. [19]

Deyanira. [Mit. gr.] Mujer de Hércules raptada por el centauro Neso, quien le da la túnica que matará a Hércules luego que éste le dé muerte. [19]

Diana/Artemis. [Mit. lat. y gr.] Diosa de la caza, de la virginidad y de la fecundidad. Darío consigna en la mayoría de sus textos la versión latina de esta figura. [1], [2], [8], [19], [22], [32], [38]

Dios bifronte. Jano [Mit. lat.] Uno de los dioses más antiguos del panteón romano, y al que se le representa con dos rostros opuestos, que miran uno hacia adelante y el otro hacia atrás. [2]

Dios de piedra. [Mit.] Representación de Término (v.). [2]

Dios viril. Ares [Mit. gr.] Divinidad de la guerra (lat. Marte), a quien se le atribuye gran belicosidad, así como aventuras amorosas, como su unión clandestina con Afrodita. [31]

Driada. [Mit. gr.] Ninfa de los bosques que vive la vida del árbol al que está ligada. Imagen híbrida formada de árbol y mujer. [21]

Duenyas, Juan de (¿?-1460). Poeta de la corte de Juan II de Castilla y Alfonso V de Aragón. Figura en el *Cancionero* de Stúñiga y en la ed. de Pérez de Nieva que leyó Darío. v. Henríquez Ureña, 1920 y 1932; Cossío, 1932; López Estrada, 1971 (pp. 54-66), y Quintian, 1974 (Cap. V). [35]

Duran, Carolus [Charles Durand] (1837-1917). Retratista francés, amigo y compañero de Darío cuando protagoniza la anécdota evocada en "La gitanilla" durante las fiestas de Velázquez en 1899. [51]

Ecbatana. Ciudad de la antigua Media, al pie del monte Orontes. [33]

Eco. [Mit. gr.] Ninfa de los bosques que ama a Narciso (v.), a cuya muerte se transforma en la voz que repite las palabras. Fue perseguida por Pan. [31]

Eloísa (¿?-1164). Esposa de Abelardo (1079-1142), quien fue castrado por orden del canónigo Fubert, tío de Eloísa, quien creía que la abandonaría. Darío escribió en *Epístolas y poemas: Primeras notas* (1885) "A Emilio Ferrari, autor del poema 'Pedro Abelardo'" (*PC*, pp. 359-362). [18]

Epicuro (341-270 a. C.). Filósofo griego. Su casa de Atenas, donde instaló su escuela, tenía el célebre jardín evocado por Anatole France (*Le jardin d'Epicure*, 1895). Darío evoca a Epicuro varias veces: "Los colores del estandarte" (1896), "Toisón" (1910). "Las ánforas de Epicuro" (aludido como título de libro desde 1898) es una metáfora que indica el carácter de los poemas principales que se acogen bajo ese título: desarrollan una *filosofía* y una *moral* artísticas.

Eros/Amor. [Mit. gr. y lat.] Hijo de Hermes y Afrodita. Divinidad del amor, como fuerza natural fundamental. Se le representa como un niño, a veces alado, que lanza sus flechas sobre los corazones. [1], [6], [31], [36], [39], [40], [50], [56]

Escalada, Miguel (1867-1918). Escritor y diplomático argentino, a quien Darío dedicó obras *(Los raros)* y que compiló, junto a Ángel de Estrada, *Los raros*, y probablemente con Leopoldo Díaz, *Prosas profanas*. Autor de *Las epopeyas* (1915). [30]

Esculapio. [Mit. gr.] Dios de la medicina griega, hijo de Apolo y la ninfa Coronis, y discípulo del centauro Quirón. [19]

Ester. Personaje bíblico, esposa hebrea de Asuero (Jerjes), rey de Persia, ante quien salvó a su pueblo ("Libro de Esther", A. T.). [37]

Estrada, Ángel (1872-1923). Escritor argentino, autor de obras en verso y en prosa: *Alma nómade* (1902), *El huerto armonioso* (1908), *Redención* (1906), *La ilusión* (1910). Poseyó una nutrida biblioteca francesa, fruto de su estadía en París, donde leyó Darío. Colaboró en la compilación de *Los raros* (que le está dedicado junto a Miguel Escalada) y probablemente, junto a L. Díaz, en la de *Prosas profanas*. [IV]

Eunice. [Mit. gr.] Ninfa marina. [31]

Europa. [Mit. gr.] Hija del rey de Tiro, que fue raptada por Zeus bajo la forma del toro y llevada a Creta. [32]

Evohé/Evoí. [Mit. gr.] Grito de las bacantes para invocar a Dionisos/Baco. [31]

Fauno. [Mit.] Semidiós de los bosques, creado a imagen de
Pan, con cuernos y patas de chivo. Simboliza la fecundidad
de la naturaleza. [Fem.: "faunesa"] [25]

Febe. La Luna, hija de Urano y Gea. [36]

Filomela. [Mit. gr.] Hija de Pandión, rey de Atenas, fue
violada por su cuñado Tereo, quien le arrancó la lengua.
Ésta bordó lo ocurrido para conocimiento de su hermana.
Por obra de los dioses fue transformada en ruiseñor. Aparece también como golondrina, por entrecruzamiento con
su hermana Procné. [1], [19], [29], [49]

Fidias (c. 490-432 a. C.). Pintor y escultor griego. Trabajó el
bronce, el oro y el marfil; colaboró en las obras de embe-
llecimiento de Atenas dispuestas por Pericles. Representó
en su obra a las divinidades mitológicas. [2]

Floreal. Octavo mes del calendario de la Revolución Francesa. Va del 20 de abril al 19 de mayo, es decir que abre
la primavera. [21]

Florida. Calle céntrica y elegante de Buenos Aires. Centro
de la vida social y comercial. [5], [7]

Gautier, Margarita. Personaje de la obra de Alexandre Du-
mas (h) *La dame aux camélias* (1848). [14]

Gautier, Théophile (1811-1872). Escritor francés romántico
tardío. Autor de *Mademoiselle de Maupin* (1835-1836), *Voyage en Espagne* (1845) y *Emaux et camées* (1852). Alúdese
a él con frecuencia como prototipo del promotor de la
teoría del arte por el arte mismo. Escribió "Symphonie en
blanc majeur", evocada por Darío en "Bouquet" y "Sinfonía en gris mayor". [2], [49]

Ghiraldo, Alberto (1875-1946). Escritor argentino. Poeta, periodista, narrador y dramaturgo, además de ideólogo anarquista, fue albacea literario de Pérez Galdós y de Darío.
Editó las *Obras completas* de Darío junto con A. González
Blanco (1923 y ss.), su *Archivo* (1940) y la primera versión
de las *Obras poéticas completas* de la Ed. Aguilar (1932).
En 1895 Darío prologó su libro *Fibras.* [27]; Solá González, 1968, Tiempo, 1976.

Golconda. Fortaleza de la India, en la cual los soberanos
guardaban sus legendarios tesoros. [3]

Gouffre, Charles del. Músico belga que en Buenos Aires ini-
ció a Darío en "los secretos wagnerianos" ("Historia de
mis libros", *Autobiografías,* p. 168). Aunque erróneamente
atribuido a Darío, es interesante para el tema de Wagner
en Buenos Aires, el artículo de *Asmodeo* [Manuel Láinez],

"Impresiones teatrales: La divina comedia musical *(Lohengrin)"* (IBÁÑEZ, 1970, pp. 105-108).

Gourmont, Remy de (1858-1915). Escritor francés. Crítico, ensayista, periodista, poeta y narrador. Fundó la segunda época del *Mercure de France* (1890), desde donde difundió la literatura de los modernistas hispanoamericanos (v. UITTI, 1960; SAMUROVIC-PAVLOVIC, 1969, Caps. IV y V). Autor de *Le latin mystique* (1892), *Le probleme du style* (1902), *Une nuit au Luxembourg* (1906). Para una revisión actual, v. BORDILLON, 1982. [0]

Grippa, Giacomo. Industrial, escritor y editor italiano radicado en la Argentina, impulsor de las actividades de la colectividad italiana en ese país. Compiló y redactó el volumen *Gli italiani nella Reppublica Argentina.* Autor de *Il salotto della contessa Malvezzi.* [12]

Groussac, Paul (1848-1929). Escritor francés incorporado a la literatura argentina, lleva a cabo en este país toda su trayectoria intelectual. Autor de ensayos (*Las islas Malvinas,* 1910; *Mendoza y Garay,* 1916; *Los que pasaban,* 1919) y obras de ficción (*Fruto vedado,* 1884; *Relatos argentinos,* 1922; *La divisa punzó,* 1923). Fue director de *La Biblioteca,* revista en la que colaboró Darío, y uno de los más sólidos críticos del nicaragüense en la Argentina. [II]

Guido Spano, Carlos (1827-1918). Escritor argentino, autor de *Hojas al viento* (1871), *Ecos lejanos* (1895). Escribió el soneto "A Rubén Darío a su llegada a Buenos Aires" (1893). Darío le dedicó el artículo "Un ilustre: Guido Spano" [1894] (IBÁÑEZ, 1970, pp. 51-54). [7]

Halagabal [Heliogábalo] (218-222). Emperador romano de leyenda cruenta. [0]

Harmonía. [Mit. gr.] Hija de Ares y Afrodita, lleva la música a Grecia. [1], [21], [47]

Hebe. [Mit. gr.] Hija de Zeus y Hera, escanciaba el néctar a los dioses. Símbolo de la hermosura de la juventud. [36]

Heine, Enrique (1797-1856). Poeta romántico alemán, que influyó en los poetas post-románticos españoles e hispanoamericanos, y en los modernistas de España y América (esp. Juan Ramón Jiménez). Autor de *Buch der Lieder* (1827). [2]

Hermafrodito. [Mit. gr.] Divinidad bisexual nacida en Chipre, originariamente como Afrodito, que aparece mencionado a partir de su "hermes". No se registra adoración en

Atenas. Hijo de Hermes y Afrodita, según versiones complementarias. [36]

Huí. Esposa purificada que, en la religión musulmana, aguarda a los bienaventurados en su paraíso. [6]

Himeto. Cadena montañosa al S. de Atenas, recordada por sus plantas aromáticas, su miel, su mármol de color azulado y sus santuarios. [32], [47]

Hiperión. [Mit. gr.] Titán hijo de Urano y Gea, padre del Sol. [32]

Hipodamia. [Mit. gr.] Esposa de Piritoo, príncipe de los Lapitas. Su boda fue escenario de la guerra con los centauros. [19]

Hipsipila. [Mit. gr.] Hija de Toas, rey de Lemnos, madre de los hijos de Jasón, que la seduce y abandona. La versión más cercana a la de Darío ("Sonatina") es la de Ovidio, *Heroídas,* VI ("Hipsipila a Jasón"), donde se lee en boca de Hipsipila que se lamenta del abandono de que ha sido objeto: "Hay aquí una torre que domina una vasta extensión, y desde donde puede verse lo inmenso de los mares; subo a ella, con mi rostro y mi pecho empapados en llanto; miro a través de mis lágrimas, y mis ojos, compadecidos del ardor de mis deseos, alcanzan a percibir distancias insospechadas" (vv. 69-72; trad. A. Alatorre, México: UNAM, 1950, p. 163). Dante (*Inf.,* 92-93) también se hace eco de esta versión. La identificación con la mariposa es recurrente en la metáfora del vuelo del alma por la poesía. Así, habla de "mi verso, Hipsipila" cuando glosa la 3.ª estrofa de su "Canción de Carnaval" y describe a Psiquis que "tomaba dos pétalos de una rosa mística, los prendía en sus hombros y es así como mariposeaba en las estrellas, siendo la estrella de las mariposas y la mariposa de las estrellas" (MAPES, 1938, p. 182). [3]

Hircania. Región persa. [31]

Holmes, Augusta (1847-1903). Compositora francesa, que usó el seudónimo de *Hermann Santa.* [0]

Homais. M. Homais es el personaje de Flaubert *(Mme Bovary)* que representa al librepensador anticlerical, de cortas miras en lo humano. [0]

Houssaye, Arsenio (Arsène Housset) (1815-1890). Crítico de arte, que fue administrador de la *Comédie Française.* [2]

Icaza, Francisco A. de (1863-1925). Escritor y diplomático mexicano radicado en Madrid, donde se puso en contacto con los cenáculos modernistas. En 1899 forma parte de la

Lilial. Adj. de "lirio" y "lis", alude a la blancura y a la palidez (v. uso en los simbolistas franceses en MARASSO, 1934, p. 409). Fue objeto de mofa y de sátiras en la polémica desatada por el modernismo en España. Ver, p. e., T. Carretero, "Lilialerías" (*MC*, 26-I-1901, p. 31). [20], [33]

Li-Tai-Pe (Li-Po) (669-762). Escritor chino perteneciente al siglo de oro de esa literatura. Llama la atención de los escritores románticos y de fin de siglo por su lenguaje "anacreóntico". [2]

Lohengrin. El caballero del cisne en las leyendas medievales, que navega en una barca tirada por un cisne. Protege a su dama ocultando el nombre, condición para la unión, que es quebrada. Se remonta al siglo XII (versión francesa); lo trata ya Wolfgang, v. Eschenbach en *Parsifal* (c. 1210). La fuente moderna para Darío es Wagner, *Lohengrin* (1850) y *Parsifal* (1882) (v. BALSEIRO, 1967, p. 108). [2], [4]

Lugones, Leopoldo (1874-1938). Escritor argentino, amigo de Darío y seguidor de su poesía en la etapa temprana de su obra, esp. *Las montañas del oro* (1897), *Los crepúsculos del jardín* (1905) y *Lunario sentimental* (1907) (v. ARA, 1955). Darío escribió sobre él "Un poeta socialista: Leopoldo Lugones" (*ET*, 12-V-1896). [28]

Medoro. Esposo de Angélica (v.). [36]

Medusa. [Mit. gr.] Gorgona mortal, amada por Poseidón. Atenea, por haberle disputado la primacía en la belleza, le transformó el cabello en serpientes y le dio a su mirada el poder de petrificar, Perseo la decapitó. [47]

"Mel et lac sub lingua tua". "Hay miel y leche debajo de tu lengua", versículo del *Cantar de los cantares,* 4, 11 (c, d). [39]

Ménade. [Mit. gr.] Sacerdotisa frenética de Dionisos. Por ext., mujer descompuesta y desatada. [31]

Mercurio. [Mit. lat.] Dios romano del comercio, los viajes y los ladrones, conductor de las almas al infierno, hereda la veneración griega de Hermes. MARASSO, 1934, p. 38, reproduce la versión de Juan de Bolonia (v.), a la que alude el v. 20 de "Era un aire suave...". [1]

Mikado. Emperador japonés, por ext. del palacio fastuoso de su habitación. [9]

Moctezuma [*II*] (c. 1479-1520). Último emperador azteca, a la llegada de los españoles. Célebre por el fasto de su corte, aludido por Darío en la mención de su silla de oro. [0]

Nagrandano. Gentil. de la tribu tolteca de León (Nicaragua). [0]

Narciso. [Mit. gr.] Joven que rechazando el amor (en especial de Eco, v.) muere al observar su bello rostro reflejado en una fuente, confirmando la profecía de Tiresias de que viviría hasta la vejez si no se miraba el propio rostro. [31]

Náyade. [Mit. gr.] Ninfa de ríos y fuentes. [28], [29], [38]

Nelumbo. Loto. [3]

Ninfalia (Ninfálida). Insecto del tipo de la mariposa. [2]

Odalisca. Esclava o concubina del harén turco. [22]

Olifante. Cuerno medieval de caza, hecho en la literatura de colmillo de elefante *(Chanson de Roland).* [21]

Onfalia. [Mit. gr.] Esposa de Hércules en Lidia, quien lo hizo trabajar en la rueca en tareas femeniles, desmintiendo la leyenda heráclea. [1]

Orfeo. [Mit. gr.] Figura legendaria, príncipe tracio, hijo de una musa (Calíope o Polímnia), fundador de la poesía y con cuyo canto hechizaba a los seres vivos. Profeta de la religión dionisíaca (orfismo), es elegido como tal por la secta formada después del siglo VI a. C. [22], [50]

Ormuz. Antigua ciudad persa. [3]

Pafos. Ciudad de Chipre, con templo dedicado a Afrodita. [2]

Palenke. Ciudad mexicana cercana a famosas ruinas mayas. [0]

Pan. [Mit. gr.] Hijo de Hermes y de una ninfa. Divinidad rústica de Arcadia. Figura híbrida de hombre y macho cabrío, es símbolo de la lubricidad. Tiene una evocación demoníaca de la que se hace eco Darío en "Responso". Patron. "panida", [6], [21], [29], [31], [38], [44], [50], [55].

Papemor. "*Papemor,* s. m. Oiseaux Fabuleux. 'Les papemor dans l'air violet/Vont...', *Cantilène,* Jean Moréas", PLO-WERT, 1888, p. 73. [33]

Pasifae. [Mit. gr.] Reina de Creta, hija de Helios y esposa de Minos, que concibió con un toro al Minotauro. [19]

Pentesilea. [Mit. gr.] Hija de Ares y reina de las amazonas, que lucha junto a los troyanos y es muerta por Aquiles. [6]

Pentélico (Adj.). Mármol de Pentélico, yacimiento de Grecia. [31]

Peralta, Marquesa de. Esposa de Francisco María de Peralta, ministro vitalicio de Costa Rica en España. Como se sabe, Darío confundió el título nobiliario y consignó "condesa". La disculpa —que no le hizo modificar el texto de "Blasón"—: "Tuve una equivocación, que usted habrá encontrado en mis *Prosas profanas,* en donde, por error de información —como usted lo puede ver en el libro—, la corona fue un tanto disminuida. Pero el cisne ha buscado siempre dar sus homenajes a los que van continuamente *Per-Alta,* juntando a nuestro Cid los más ilustres blasones de Francia" [la marquesa pertenecía a la casa francesa de los Gontaut-Birón] ("Carta al Marqués de Peralta", en G HIRALDO, 1940, p. 463). V. Rubén Darío, "El cuerpo diplomático hispanoamericano" [1900], BARCIA, 1977, pp. 55-56. [4]

Pífano. Flautín agudo. [29]

Pindo. Cadena montañosa de Grecia. [21], [22]

Piquet, Julio (1861-1944). Periodista uruguayo radicado en la Argentina. Colaborador de *La Nación* y amigo de Darío desde su llegada a Buenos Aires. Firmó con el seudónimo de *Mario.* [25]

Pirra. V. Deucalión. [19]

Plessys, Maurice du. Amigo de Paul Verlaine, a quien Darío conoció en París. Verlaine le dedicó muchas obras (v. ed. Le Dantec) y perteneció al círculo de escritores simbolistas de Jean Moréas. En 1892 Darío le dedica la publicación original de "Friso". Lo conocerá al año siguiente (v. TORRES, 1980, pp. 319-322). [31]

Plinto. Base la columna. [2]

Propíleo. Peristilo del templo. [29]

Prudhomme, M. La ref. del v. 53 de "Divagación" es peyorativa, y es posible que aluda al poeta francés René Sully-Prudhomme, autor de *Stances et poèmes* (1865) y *La bonheur* (1888), que fue elegido para la Academia Francesa en 1881, en especial por esto último. [2]

Rastaquoère (rastacuero o arrastracueros). En la sociedad parisina de fin de siglo, *nouveau riche* o *parvenu,* ostentoso y exótico, sobre todo de América del Sur, y del cual, a veces, se desconocen los medios de vida. Es voz de origen venezolano según demuestra ROSEMBLAT, 1974 (II, pp. 207-215). [0]

Rebeca. Personaje bíblico, esposa de Isaac y madre de Esaú y Jacob, luego de diecinueve años de esterilidad. [6]

Rey Hermoso. v. *Salomón.* [2]

Tempe. Valle de Tesalia, característico por la adoración local a Afrodita. Cf. "tempes acarminados" (R. Darío, "La isla de oro", *Autobiografías,* p. 214). [2]

Término. [Mit. lat.] Divinidad de los límites del estado, en Roma. [1]

Theodora. Mujer del emperador Justiniano (508-548). [48]

Thor. Principal dios de la mitología nórdica (Noruega e Islandia, esp.). [23]

Tirso. Vara con ramas de hiedra o pámpanos (también de pino), que portan las representaciones de Baco. Por extensión, atributos de este dios. [2]

Títiro. Pastor de la Égloga I de Virgilio. [21]

Toisón. Vellocino. [4]

Torres, Juan de. Poeta incluido en el Cancionero de Pérez de Nieva. v. Bibl. en DUENYAS. [37]

Triptolemo. [Mit. gr.] Héroe griego introductor del arado y del cultivo de los cereales, por inspiración y enseñanza de Deméter. [53]

Tritón. [Mit. gr.] Hijo de Poseidón. Divinidad marina con figura híbrida de hombre y pez. [19]

Utatlán. Antigua capital de la tribu quiché, la más importante de los mayas, en los Altos de Guatemala. [0]

Valtierra, Juan de. Poeta incluido en el cancionero de Pérez de Nieva. v. Bibl. en DUENYAS. [38]

Vega Belgrano, Carlos (1858-1930). Escritor y periodista argentino. Director de *El Tiempo,* donde colaboró Darío, a quien protegió y de quien sufragó los gastos para la edición de *Los raros* y *Prosas profanas,* que le está dedicado.

Veneficio. Hechizo, maleficio. Veneno que se incluye en hechizos, extraído de las cantáridas. [33]

Visapur/Bedjapur. Ciudad y provincia hindú. Antigua colonia portuguesa (Goa). [25]

Wagner, Richard (1813-1883). Compositor alemán, autor de *Lohengrin* (v.) (1850), *Die Walküre* (1869), *Parsifal* (1882), etc. [0]

Walpurgis. Noche de Santa Valburga, el 30 de abril en la cual, según la leyenda, aparecen brujas que celebran aquelarres. [5]

Watteau, Jean-Antoine (1684-1721). Pintor francés, autor, entre otras obras, de *Enbarquement pour Cythère* (1717), que inspiró *Un voyage à Cythère* (1855) de Charles Baudelaire, poema evocado (aunque mal atribuido a Verlaine) en "Marina". [49]

ÍNDICE DE TÍTULOS Y DE PRIMEROS VERSOS

209

ÍNDICE DE AUTORES CITADOS

ÍNDICE DE LÁMINAS

ESTE LIBRO
SE TERMINÓ DE IMPRIMIR
EL DÍA 27 DE OCTUBRE DE 1989

ÚLTIMOS TÍTULOS PUBLICADOS